KB089239

더블패티
DOUBLE PATTY

더블패티
DOUBLE PATTY

백승환

우주북스

초등학교, 아니 지금은 쓰지 않는 표현인 '국민학교'를 다닐 때의 일입니다. 펜에 잉크는커녕 머리에 피도 안 마른 나이였지만 스스로 글을 좀 적는 편이라고 혼자 생각한 적이 있습니다. 그래서 백일장마다 저는 고난이도의 어휘와 멋들어진 수사를 동원해 원고지를 꽉 꽉 채운 후, 맨 마지막에 제출하곤 했습니다. 그런데 단 한번도 이렇다 할 큰 상을 받지는 못했습니다.

그러던 어느 6학년 시절. 교내에서 정기 글짓기 대회가 있었습니다. 온순한 모범생이었던 저는 숙제를 안 해가는 경우가 별로 없었는데, 그날은 중요한 숙제를 빼먹고 안 해갔더랬습니다. 담임 선생님으로부터 꾸지람을 받을 생각에 겁이 났습니다. 이윽고, 글짓기 시간이 찾아왔습니다. 근데 마침 숙제 검사를 하는 수업이 그 다음 시간이었습니다.

저는, 이때다 싶었습니다.
어차피 이번에도 큰 상은 못 받을 것 같으니, 짧게 써낼 수 있는 시를 후딱 쓴 다음, 숙제를 하면 될 것이다! 그러면 선생님께 혼날 일도 없을 것 아닌가. 참 창의적이고 멋들어진 결정을 내렸습니다.

그리고는 그때 쓴 시로 이전에도 이후에도 받아본 적 없는 큰 상을 받았습니다.

시간이 꽤나 흘렀습니다.
그리고 이렇게 저는 지금도 글을 적고 있습니다.

근현대사를 관통하는 장엄한 대서사시를 쓰고 싶을 때도 있고, 영웅호걸들이 자웅을 겨루는 대규모 액션신이나, 눈물 없인 볼 수 없는 로망스를 쓰고 싶기도 합니다. 그러나 저는 이번에 이렇다할 악당도, 스펙타클한 사건의 전개도 등장하지 않는 소소한 대본을 썼습니다. 여느 대중영화에 비해 무척이나 심심한 신과 대사를 썼습니다. 시나리오에 등장하는 두 청춘 남녀는 손 한번 제대로 잡지 못합니다. 순간 젊고 예쁜 두 남녀 배우에게 미안해지네요.

그런 대본으로 각본집을 내게 되었습니다.
출간하게 되었습니다.

저의 마음은 열세 살 그 꼬마 때와 같습니다.

누군가로부터 꾸지람 듣지 않기 위해 한 땀 한 땀 고민하고 쓰려고 합니다. 쉬지 않고, 지치지 않고, 고치고 또 고치려고 합니다.

영화 공정의 순서는 반대일지 모르지만, 각본을 책으로 내는 일은 영화화를 이끌어주신 투자사가 있었기에 가능했습니다. 자본에 영합하겠습니다. KT 유현중 상무님, 동지연 팀장님, 김은선 과장님께 서둘러 감사드립니다. 앞으로도 잘 부탁드립니다.

항상 응원해주시고 도움주신 모든 분들에게 진심으로 고개 숙여 인사를 드리겠습니다.

그리고 그 누구보다 지금 이 각본집을 엮고 있는, 저의 오랜 술 친구 우주북스 박현민 대표에게 고맙다는 말을 하고 싶습니다.

부단히 쓰겠습니다.
정진하겠습니다.

1993년의 어느 가을날.
국민학교 6학년 아이가 쓴 시의 제목은 '아버지' 였습니다.

고맙습니다.

Every story wants to be found.

모르고 싶은 것들을 모르고 살아도 큰 지장은 없다. 그러다 누군가 "그러지 말고 이야기나 한번 들어봐"하고 말을 걸 때가 있다. 듣고 보니 더 알고 싶어질 수도, 더 모르고 싶어질 수도 있다. 중요한 건 말을 거는 것이다. 말을 걸고, 관심이 생기고, 그래서 그것에 대해 생각하게 되는 '발견'. 그것이 영화가 가장 빛나는 지점이라 여전히 믿고 있다.

백승환 감독은 전작들을 통해 꾸준히 발견해왔다. 잊고 싶은, 모르고 싶은 이야기를 끄집어내 말을 걸었다. 이번에 그는 우리가 스쳐 왔거나 스쳐 갈 '청춘'을 <더블패티>에서 이야기한다. 더욱 흥미로운 것은 <더블패티> 속 두 청춘 역시 서로를 발견한다. '우람'과 '현지'는 칠흑 어둠 도시를 부유하다 각자의 불빛을 본다. 모른 척 지나칠 수 있다. 그런데도 말을 걸고, 말을 듣고, 서로를 생각한다. 그리고 깨닫는다. 망망대해 세상에도 들어봄 직한 이야기가 그득함을.

<더블패티>는 그 빛나는 발견을 이야기하는 영화다. 아무쪼록 <더블패티>와 관객이 서로를 발견할 수 있길 바란다.

-권성휘(영화 <공작>, 넷플릭스 시리즈 <수리남> 작가)

대기업에서 영화 투자배급을 담당하던 저자가 제작자로 나설 때는 그리 놀라지 않고 당연하게 생각했다. 경험을 녹여내 자신의 색깔이 담긴 영화를 제작할 역량을 충분히 갖췄기 때문이다. '영화제작사 백그림 대표 백승환'이 익숙해질 때쯤 다시 새로운 직함으로 그를 부르게 됐다. '감독 백승환'. 4년 전 자신이 연출한 단편영화가 서울독립영화제에서 상영된다며 초대할 때는 별 기대 없이 갔다. '하다 하다 이젠'하는 생각으로. 하지만 그의 첫 연출작 '대리 드라이버'를 보고 나서는 생각이 달라졌다. 영화가 끝나고 나도 모르게 자리에서 일어나 박수를 치고 있었다. 그날 이후 그를 "백 감독님"으로 부른다. 존경심을 담아 깍듯이.

17년 넘게 영화 담당 기자로 일해온 나는 '대리 드라이버'를 내가 본 단편 중 다섯 손가락 안에 꼽는다. 예술성이 뛰어나거나 완성도가 높아서가 아니다. 그의 작품은 날것 그대로 다가와서 가슴에 꽂히는 투박한 정서가 좋다. 그렇게 첫 장편 <첫잔처럼>을 발표했고, <큰엄마의 미친봉고>에 이어 <더블패티>까지 장편 세 편을 숨 가

쁘게 내놓은 그가 이번에는 각본집을 출간했다. 이제 자신의 생각을 영화로 구상하고, 시나리오로 펼쳐내는 과정을 보여줄 만한 자신감이 생겼나 보다.

술술 읽힌다. 그가 만들어온 전작들처럼 투박하지만 따뜻하다. 캐릭터 설정부터 지문, 대사까지 세공하지 않은 원석 같은 맛이 난다. 장면과 장면이 머리 속에 쌓이며 등장 인물들의 감정 속으로 미끄러져 들어간다. 이 각본집은 시나리오를 써보고 싶지만 엄두를 내지 못하고 망설이는 많은 사람들에게 시작할 수 있는 용기를 줄 듯하다. 캐릭터 등장 인물을 구성하고, 그들이 얽히고설키며 펼치는 이야기가 물 흐르듯 전개된다. 또 명확하게 표현된 지문과 인물들의 성격을 드러내는 대사가 흥미진진하게 다가온다. 이 각본집을 읽은 후 <더블패티>를 보면 영화 제작 과정이 어렵지 않게 정리된다. 투자와 배급 실무를 담당하다가 제작자로 나선 후 이제는 시나리오를 쓰고, 연출까지 하는 저자의 영화 내공이 고스란히 담겨있다.

-김구철(문화일보 기자)

"밥은 먹고 다니냐?"
봉준호 감독의 <살인의 추억>에서 송강호 배우가 연기한 박두만

형사의 대사다. 박두만 형사는 예리한 추리력이나 탁월한 수사력을 지닌 것 같지도 않고, 합리적인 수사행태를 보여주지도 않는다. 감(感)과 느낌을 중시한다지만 무속인을 찾아 뭐 느껴지는 게 없느냐고 물을 만큼 엉뚱하고 어이없게 행동하며, 우격다짐으로 피의자를 추궁하는 모습에서 인권감수성도 떨어진다. 치밀하고 출중한 엘리트 경찰과는 거리가 먼 박두만이다. 그러나 피의자의 초췌한 몰골 앞에서 "밥은 먹고 다니냐" 하고 묻는 순간, 박두만의 모습은 달라 보인다. 그의 말이 인간에 대한, 삶에 대한 연민을 담고 있기 때문이다. 비록 그가 연쇄살인의 혐의를 받고 있고 영화를 보는 관객이 그가 범인이라고 확신하고 싶어 하는 그 순간에조차.

'밥'이라는 단어는 참 묘한 뉘앙스를 풍긴다. 배고픔, 서글픔, 빈곤, 절망, 따뜻함, 희망, 연민 같은 넓은 범위의 뉘앙스를 포괄한다. 밥은 우리가 생존하기 위해 먹어야 하는 필수 먹거리의 대표이자 한국인에게는 주식을 의미하기 때문에 더욱 '밥'에서 느껴지는 감정이 남다른 것 같다. 백승환 감독의 <더블패티>에는 제목에서 알 수 있는 햄버거는 물론이고 백반, 삭힌 홍어, 아구찜, 짜장면, 컵밥 등등 다양한 먹거리가 등장한다. <더블패티>의 두 청춘 우람과 현지는 이 먹거리들을 통하여, 이것들을 먹으면서 서로에 대해 알아가고 교감한다. 이 시대 청춘들에게 햄버거는 거의 주식, 밥이다. 특히 '싱글 패티' 가격에 '더블 패티' 햄버거를 먹을 수 있다는 것은 고단한 하루를 살아가는 주머니 가벼운 청춘에게는 허기를 채우는 넉

넉넉함이자 위안이다. <더블패티>에는 "밥은 먹고 다니냐" 하고 묻는 이는 없지만, '더블 패티'를 하나 더 내밀며 상대의 허기를 말없이 채워주는 따뜻한 마음이 있다.

백승환 감독은 <더블패티>에서 아픔과 방황을 딛고 꿈을 향해 나아가는 청춘의 모습을 무겁지도 가볍지도 않게 다루고 있다. 근래 한국 청춘영화에서는 드라마틱한 서사나 '쎈' 캐릭터가 눈길을 끌고 강력한 갈등과 거친 표현들이 넘쳐나지만, <더블패티>는 그러한 강렬한 에너지를 뿜어내지 않는다. 대신 주변에서 보게 되는 보통 청춘들의 일상이 담담하게 펼쳐진다. 과하지도 크게 모자라지도 않다. 뿐만 아니라 그 흔한 러브라인도 없다. 우람과 현지는 연인이기보다는 아직은 서로에 대한 호감과 응원해주는 친구에 머물러 있다. 내게는 이 또한 미덕으로 다가온다. 모든 청춘들이 꼭 연인이어야 할 필요는 없기에.

<더블패티>는 영화로 만들어져 관객과 만나고 있다. 부디 영화 속 청춘들이 세상에 나가 겪는 '허기'에 대한 감독의 '작은 위로'와 응원이 관객에게 전달될 수 있기를.

-조혜정(중앙대 예술대학원 교수, 영화평론가)

욕심쟁이 백감독.

하나면 충분할 것 같은 패티를 더블로 먹는 것처럼,

그는 연출하면서 쓰고 연기한다.

누군가는 어설프다 하겠지만,

매번 도전하며 전진하는 그를 볼 때마다

타협하고 머물러있는 나를 되돌아보게된다.

하고 싶은 일을 용기내서 파트너(친구)와 함께 만들어나가는 그를
응원한다.

-박철수(現 필름몬스터 대표, 前 CJ엔터테인먼트 영화사업본부장)

<더블패티>는 제목의 말마따나 두 겹의 이야기를 겹친 영화이다.
서로 다른 인생 행로를 걷지만 현실의 지난함을 헤쳐나가는 청춘이
라는 점에서 크게 다르지 않은 두 사람의 이야기가 더블 패티 버거
처럼 하나로 만난다. 초반 이야기의 전개가 거칠고 산만한 구석이
없지 않다. 그러나 우리 시대 청춘의 우울한 초상을 그리면서도 그
안에서 희망을 찾고자 하는 시선의 따스함은 유효하며 한 점의 위
안으로 다가온다. 아이돌에 대한 편견을 떠나 장래성 있는 한 배우
의 발견할 수 있다는 점도 특기할만하다.

-조재휘(영화평론가)

고열량 충전 무비!

"그럼 더블 더블패티 아닙니까!"

백승환 감독님 특유 사고의 확장성과 섬려한 감수성으로 그려진 리드미컬한 시퀀스의 향연. 누군가는 경험할지 모를, 꿈을 향해 나아가는 운동선수와 앵커 지망생의 청춘 이야기. 달라지지 않는 오늘의 허기와 고독감을 밥 한끼와 술 한잔으로 달래는 사람의 온기와 청춘의 삶. 영감과 동기부여, 연습과 반복이라는 묘한 교차점에서 가슴에 서서히 스미는 꿈의 진리. 언론고시, 아나운서, 기자, 앵커의 영역과 꽃미남 씨름판 부활이라는 시대성을 담은 세밀한 분석과 섬세한 묘사. 우람이와 현지의 소신과 노력이 보여주는, 꿈과 현실의 간극을 좁혀가는 순수한 열정적 태도.

'知之者 不如好之者 好之者 不如樂之者'

(지지자 불여호지자 호지자 불여락지자)

–이지인(아나운서, 언키트 대표)

백승환 감독은 도전과 창작에 대한 식욕이 왕성한 사람이다. 대기업에서 영화 투자배급을 하다가, 좋아하는 영화를 직접 만들겠다며 제작의 세계에 뛰어들더니, 연출에 투신하고, 이젠 시나리오 책까지. 그는 자기가 무엇을 하고 싶고, 어떤 상태에 놓여 있는지, 그리고 그걸 위해 어떻게 해야 하는 가를 가늠하며 부단히 달려왔다.

<더블패티>는 현실의 높은 벽 앞에서 마음이 다치기도 하고 속이 허해지기도 하는 청춘들에게 위로를 보낸다. <더블패티>에 담긴 메시지가 단순한 유행가가 아닌 리얼한 '파이팅'으로 다가오는 것은 감독 스스로가 그 누구보다 치열하게 청춘을 살아왔고, 살아가고 있기 때문이다. 이 시나리오 책에서 그는 삶의 고단함 속에서 고꾸라지지 않고 앞으로 나아가는 영혼의 레시피들을 힘주지 않고 담백하게 담아냈다. 누군가의 꿈을 응원하는 날, 더블 패티가 든 햄버거와 함께 이 시나리오를 건넬 것이다. 헛헛해진 속을 따뜻하게 채워줄 테니까.

-정시우(영화 칼럼니스트)

<더블패티>는 두 청춘을 다룬 이야기다. 대학생 현지(배주현)는 앵커 지망생이다. 기자였던 아버지처럼 언젠가 멋진 보도를 하는 언론인이 되고 싶지만, 현지는 혼자서 아르바이트를 하며 생계를 꾸려야 하는 현실이 녹록지 않다. 우람(신승호)은 씨름 선수다. 천하장사 성민과 친형제 못지않은 돈독한 관계다. 어느 날 성민이 씨름을 하다가 갑작스럽게 세상을 떠나고, 이에 충격받은 우람은 씨름을 그만둔다. 이태원 트랜스바에서 일하는 우람은 식당에서 밥을 먹다가 그곳에서 일하는 현지를 마주한다. 앵커가 되고 싶은 현지와 운동을 그만두고 바에서 험난한 심부름 일을 하는 우람, 두 남녀

는 각자의 위치에서 아등바등하다가 우연한 만남을 거듭하면서 점점 가까워진다.

<더블패티>는 현지와 우람, 두 사람의 사연이 교차로 전개되는 청춘 드라마다. 두 남녀가 연인으로 발전하는 전형적인 로맨스물이라기보다 현실에 치여 살아가는 과정에서 서로에게 힘과 용기를 주고받는 건전한 관계를 그려낸다. 어느 하나 쉬운 게 없는 현실에서 성실하게 살아가는 그들의 모습이 대견하면서도 안쓰럽다.

인물을 따뜻하게 담아내고, 유머를 잃지 않고, 성실하고 포기하지 않는 영화 속 삶의 태도는 <창간호>(2018), <첫잔처럼>(2019), 그리고 최근 극장 개봉한 <큰엄마의 미친봉고> 등 백승환 감독이 만든 영화들에서 공통적으로 나타나는 인장이다. 이러한 모습은 백승환 감독의 심성을 쏙 빼닮았다. 적지 않은 시간 동안 회사 생활을 하면서도 영화 감독이라는 어린 시절의 꿈을 놓지 않은 삶의 궤적이 그가 만든 영화 속 등장인물에 자연스럽게 반영된 것인지도 모른다. 아직은 경험이 많지 않고, 서툰 면모도 많지만 백승환 감독의 다음이 기대되는 건 누구못지 않게 영화를 사랑하고, 열정적인 태도 덕분일 것이다.

-김성훈 ('씨네21' 기자)

일러두기

- 이 책에 실린 시나리오는 영화 〈더블패티〉 촬영 전 시나리오 최종본입니다.
- 해당 시나리오에는 영화에서 삭제된 분량이 포함되어 있습니다.
- 국립국어원 맞춤법에 크게 어긋나지 않을 경우, 시나리오의 표현을 가능한 그대로 차용해
  집필한 작가님의 의도를 최대한 살리고자 했습니다.
- '더블 패티'의 경우, 영화 제목으로 사용할 경우에만 〈더블패티〉로 붙여서
  사용했음을 알려드립니다.
- 영화 제목은 〈 〉로, 노래 등 모든 기타 콘텐츠는 ' '로 표기했습니다.

목차

작가의 말 ——————— 005

프리뷰 ——————— 009

시나리오 ——————— 020

감독 & 음악감독 인터뷰 ——————— 278

메이킹 ——————— 302

1. OPENING

따스한 정서의 음악.

빛바랜 사진들이 화면에 영사된다.

1) 현지

- 마른 체구의 아빠, 푸근한 미소의 엄마.

- 그 사이에 빨간 티셔츠를 입은 아이(7세). 현지다.

- 처음으로 자전거를 타는 모습.

- 초등학교 입학식.

- 중학교 소풍.

- 고등학교 성적 우수상장. 3학년 4반 이현지.

- 수수한 양복차림의 아빠, 깔끔한 슈트의 최구철 아나운서(아빠보다 선배로 보임)

- (같은 사진에서) 아빠 손을 꼭 잡고 나란히 선 현지

- (반대편에) 최구철과 똑닮아 이목구비 뚜렷한 인상의 세영, 최아나운서 옆에 서 있다.

- 대권후보로 물망에 오른 최구철 관련보도.

- 세영을 포함한 대학교 MT 친구들과.

... (음악톤이 바뀌고)

- 아빠의 채널 M 규탄 파업.

- 머리띠를 두르고 시위에 앞장선 아빠.

- 강제 진압 현장의 모습들.

- 엄마의 영정사진.

- 캐리어를 끌고 멀어지는 아빠.

- 베트남에서 일하는 아빠의 모습

- 그리고 다시 현지가 정장을 갖춰 입고 증명사진을 찍는 모습에서.

2) 우람

- 연세가 지긋하신 부모님과 4남매.

- 그 중 막내로 보이지만, 결코 작지 않은(?) 아이(4). 터질듯한 녹색 티셔츠. 우람이다.

- 빤스만 입고 배를 내밀고 있는 초등학생.

- 친구들 사이에서 유독 커 보이는 중학생.

- 그런 우람 옆을 묵묵히 지키고 서 있는, 우람보다 체격이 좋은 선배(이하 성민)

- 우람과 성민이 씨름을 하는 모습.

- 우람이 울고 있고, 성민이 다독이며 해맑게 웃고 있다. 친형제 같다.

- 고등학생이 된 둘이 트로피를 들고 환호하고 있다. 장사급 이성민-용장급 강우람.

- 둘이 식당에서 V자를 그리며 신이 나 있다.
- 성인이 된 둘, 나란히 영암 씨름단 유니폼을 입고 서 있는 모습에서.

두 인물을 소개하는 사진 영사가 끝나고,
심장을 두드리는 듯한 드럼비트가 약동하기 시작한다.

대한민국 대표 금강장사, 영암군 민속 씨름단 에이스 최정만(26)의 얼굴이 보인다. 카메라 틸다운해 내려가면 익스트림 클로즈업으로 보이는 정만의 허벅지. 돌덩이처럼 단단해 보이는 하체 근육. 송송이 맺혀있는 땀방울. 허벅지에 타이트하게 묶여있는 샅바. 상대 선수의 악력에 의해 더 세게 조여진다. 이어 상대 선수 손아귀에 힘이 들어가는데, 강력한 힘으로 버티는 정만의 장단지.

밀고 당기는 두 선수의 다부진 하체.
샅바를 잡아당기는 팔목과 손가락 하나하나의 미세한 텐션.

카메라 조금 멀어지면 두 선수의 날선 표정까지 보인다.
정만이 들배지기를 시도하고, 상대가 이를 막아낸다.
다시 상대가 안다리 기술을 들어가려는데 정만, 다리를 빼서 재차 방어한다. 이어 무게중심을 완전히 반대로 실어 상대를 들어 매치는 정만!

완벽한 승리에 포효하는 정만.

경기장을 애워싼 씨름단의 모습.

군수, 감독, 코치, 그리고 선수들의 늠름한 얼굴들.

(이어지는 몽타쥬)

숱한 씨름 경기들의 클로즈업 화면이 프레임을 가득 메우기 시작한다. 현란한 기술, 화려한 비주얼을 자랑하는 꽃미남 씨름 선수들의 모습. 이전의 씨름판에서 본 적 없는 식스팩, 에잇팩의 복근. 팔과 등의 잔근육. 고운 턱선과 낯빛을 지닌 청춘들의 얼굴이 비춰진다.

2. 영암 씨름 훈련장 / 오전

자막 – 2018 –

영암 씨름 훈련장.

웨이트 존에서 long pull 로 등근육을 당기고 있는 한 남자.

이어 cable로 상체 전신의 텐센을 올린다.

고개를 살며시 돌려보면, 날카로운 턱선의 한상욱(男, 20)

혹독하게 단련된 육체. 흡사 이종격투기 선수를 보는 것 같다.

매서운 눈매. 흔들림 없는 검은 눈동자.

카메라 바닥으로 떨어지면,

기구없이 맨몸 push up에 매진하고 있는 사내, 강우람(男, 20)

떡 벌어진 어깨. 핏줄이 서 있는 팔뚝. 다부진 턱선.

잘 생겼다. 땀방울이 송글송글 맺혀 있는 눈썹 아래로 맑은 눈동자
가 빛난다. 우람의 눈이 상욱을 향한다.

이어 사이드에 비춰지는 남자들.

감독 고대규, 코치 정기호. 트레이너 이준삼, 플레잉 코치 황인록.

cut to
둘의 관계를 이야기해 주듯,
딱히 이렇다 할 인사를 나누지 않는 두 사람.
무릎을 꿇고 서로 마주 보고 앉는다.

두 남자, 기호의 지시에 따라 상대의 샅바를 잡
기 시작한다.
상욱, 자신의 어깨를 우람 어깨 밑으로 넣어 가
슴을 파고든다.
우람, 밀리지 않으려 버틴다.

상욱, 반대쪽 샅바를 움켜쥐며 다시 한번 어깨
를 아래로 내려 집어넣는다.
우람, 미간에 주름이 잡힌다. 그 자세로 상욱의
샅바를 움켜쥔다.

기호
두 선수. 일어섯!

두 선수, 일어서는데 기싸움이 좀처럼 사그라
들지 않는다.

기호
양 선수. 팔 펴, 팔 펴!

우람, 팔을 피는데 상욱 버티고 있다.

기호
홍! 팔 펴!

심판, 상욱에게 경고를 준다.
다시 자세를 잡는 두 선수.

기호　준비!

이를 악물고 버티는 우람.

이어 바로 휘슬!!!

호랑이 같은 두 남자가 격돌하기 시작한다.

상욱의 기술이 먼저 들어오고,

우람, 가까스로 다리를 들어 피한다.

이어 바로 들배지기를 시도하는 상욱.

우람, 버틴다. 버틴다.

손에 땀을 쥐고 있는 고감독과 코치진.

몸의 밸런스를 흔들어 뒤집기를 시도하는데...!!!!

3. 스튜디오 / 새벽 6시

두 선수의 모습이 TV 패널에서 빠져나오면,

스튜디오 안의 앵커가 이어 받는다.

한 치의 오차도 허용되지 않는 헤어 세팅.

완벽하게 정제된 메이크업.

강단과 온기가 공존하는 눈빛.

문희정(女, 47) 이다.

문희정　안녕하세요. 대한민국의 아침을 여는 더 모닝쇼, 문희정입
　　　　니다.

옆자리, 상대적으로 어려보이는 남성 아나운서, 이호준(男, 37)

이호준　이호준입니다. 모두 좋은 아침 출발하셨는지요.
　　　　현재 기온 18도를 가리키고 있고, 미세먼지 없이 쾌청한
　　　　날입니다. 지금 보여드린 경기. 지난 설, 온국민을 뜨겁게
　　　　한 시합이었죠. 문희정 앵커님, 당시 경기 생방송으로 보
　　　　셨죠?

문희정, 씽긋 웃으며.

문희정
못봤어요.

이호준
네?

문희정
안 봤어요.

이호준
???

문희정
국민토론이랑 겹쳐서요.

이호준
(자주 있는 일이라는 듯) 아아...

문희정
녹화로 봤지요.

이호준
(짐짓 웃어주며) 예예.

문희정
우리 이호준 후배님이 링크 주셔서. 하하하.
어후 선수들 패기가 보통이 아니던데요?
우리 아들 같기도 하고.
퐁!(순간 푼수)
이호준 아나운서는 어떻게 보셨어요.

이호준
예. 제가 어렸을 때 운동을 좀 했는-

문희정 (자르며) -그래서 오늘 누가 나오신다구요?

이호준 (물어봐놓고...참.. 근데 하루이틀일이 아니다)
예, 바로 모시죠. 설날 태백장사! 대한민국을 뜨겁게 달군,
한상욱 장사입니다!

방청석의 박수가 이어지면,
멋들어진 슈트에 포마드로 머리를 잘 빗어넘긴 한상욱이 들어온다.
경기 장면과는 딴판, 운동선수라기보다는 연.예.인.이다.

4. 백반집 / 새벽 6시

동이 트는 허름한 백반 식당.
한 편의 낡은 TV패널에서 나오고 있는 '굿모닝 코리아'.
이른 아침, 노동일을 하는 어르신들이 서너 명 모여 국밥을 먹고
있다.

주인아저씨 한 쟁반 가득 들고 구석진 테이블로 오면,
신문을 밑줄 치며 보고 있는 여학생이 보인다.

주인 학생, 이거 치워줘야...

학생 ...

주인 어이, 아가씨...

학생 아... 네.

주인, 조반을 쟁반째 내려주고 간다. (이 가게 컨셉)

신문을 덮고, 기지개를 펴는 학생.
원래는 순백이었을 피부인데, 다크서클이 턱 밑까지 내려와 있다.
머리를 다시 질끈 동여매고 젓가락을 든다.
고학번 졸업반 여학생, 이현지(女, 26)의 하루는 이렇게 시작된다.

콩나물국을 원샷하고 트림.
반찬을 집는데 페이스톡이 온다.
아.버.지.

화상 화면 뒤로 보이는 간판과 사람들.
베트남이다.

갑자기 화면에 가득 채워지는 아빠의 얼굴

아빠
현지야. 어디야.
밥 먹었어?

현지
네. 아빠 나 근데.

전화를 끊어버린다.
이어 보이스톡으로 다시 걸려온 전화.

현지   꼭 화상으로 해야 돼요?

아빠   얼굴 봐야 좋지.

현지   (주변을 둘러보다 기어가는 소리로) 나 세수도 안했는데...

아빠   그럼 어때.

현지   아 진짜.

현지, 능숙한 동작으로 종이 신문을 접어 왼편에 놓는다.

아빠   준비 잘 돼가?

현지   뭐 그냥.

아빠   또 신문 보면서 밥 먹어?

현지   ...

아빠   아빠 이렇게 사는 거 보고도 참....
          ... 그래도 세영이랑 같이 하는 거지?

현지, 특집기사에 집중하고 있다.

카메라에 비추는 기사 헤드라인.

천하장사 이성민의 죽음.

엘리트 체육의 한계. 이대로 괜찮은가.

고대규 감독 인터뷰.

현지   ...

아빠   왜. 같이 안해?

현지   ...

아빠   세영이 아버지한테 전화 한번 넣어?

현지   아빠...

아빠   아니 내가 최 선배한테...

현지   아빠?

현지, 통화에 다시 집중하며,

아빠   그래.

현지   저는 그보다 아빠처럼...

아니다.

제가 알아서 할게요.

아빠   그러지 말라니깐...

현지   아빠.

아빠   응. 그래.

현지   저 밥 먹어요.

한국 음식 챙겨드세요.

아빠   응! 또 통화하-

전화를 끊으려다가...

현지   일 안 힘드세요?

무릎 또 안 좋아지면-

아빠   -또 통화하자!

뚝 끊기는 전화.

현지   휴우... 사장님. 저 콩나물국 좀 더 주세요.

현지, 다시 신문기사를 본다.

큰 판형의 사진이 보인다.

故 이성민 장사 - 고대규 감독 - 강우람이 함께 웃고 있는 사진.

이때 콩나물국 리필이 오자, 다시 식사에 집중하는 현지.

이제 막 터 오르는 아침 햇살이 그녀의 퀭한 눈동자를 비춘다.

5. 백반집 앞 / 아침

현지 뒤쪽 창문을 통해 골목길을 걸어 올라가
는 우람이 보인다.
상주 완장을 채 떼지 않은 검은 양복, 흐트러
진 머리.
장례식장에서 막 발인을 마치고 온 모양새다.
허리가 안 좋은지 걸음걸이가 불편해 보인다.

창으로 퍼져 나오는 음식 냄새에 백반집 방향
을 잠시 본다.
현지의 뒤통수가 보인다.
우람, 다시 가던 길을 걷는다.
전화가 울린다. '기호 형'
받으면,

기호(V.O)
서울... 갔어?

우람
아, 네.

기호(V.O)
아니, 인사라도 하고 가지.

우람
네. 죄송합니-

기호(V.O)
-야, 감독님도 계신데...

우람
...

6. 병원 정문 인근 / 아침

장례식장 건물 앞.

발인을 마치고 복귀하려는 씨름단 선수들.

고참 선수 몇 명과 덩치가 좋은 기호가 서 있다.

유가족과 인사를 나누고 걸어오는 고대규(男, 50/이하 고감독). 팔에서 완장을 떼어 내고 있다.

어두운 낯빛, 크진 않지만 단단한 몸의 골격과 아우라.

기호   우람이 먼저 갔다는데요.

고감독 ...

기호   하... 이 자식...

고감독, 담배 달라는 제스처를 하자

기호, 안된다는 표정.

기호   감독님...

고감독 줘봐.

기호가 옆에 있던 사람에게 담배와 라이터를 빌려 건네고, 불을 붙여준다. 연기를 깊게 내쉬는 고감독.

고감독 ... 가자.

침울한 표정의 고감독.

7. 보광동 골목(트랙스 근처) / 새벽

보광동 골목 구석구석을 도는 신문배달 오토바이.
바이크의 동선에 따라 동네의 구석구석을 스케치하는 카메라.
낡고 허름한 동네지만 시장통의 옛스러움과 이태원의 이국적인 풍경.

"꺼져!!!"
쨍그랑!!!

큰 고함과 함께 쪽방에서 밖으로 내동댕이쳐지는 포마드 남.
세준(男, 22)이다.

세준, 돌아보면 드랙퀸(여성의 복장을 한 남성)으로 돈을 버는 듯

보이는 한 남자(男, 40 / 이하 일우)가 그를 쫓아내고 있다.

그 뒤로 부스스한 머리를 긁적거리며 나오는 남자, 성환(男, 41),

성질이 고약해 보인다.

일우   다신 나타나지마! 그 돈 갖고 꺼져버려!

성환   (따라하듯) 꺼져 이 새끼야!

세준, 말없이 둘을 쳐다보다

세준   오라고 해도 안 온다. 그렇게 붙여줬는데 앱술루트 한 병
          을 못 파니? 응?

일우   (바닥에 있던 벽돌을 들며) 뭐라고?

성환   (앵무새 마냥) 뭐라고?

세준   오늘 영업할 수 있나 보자. 이년들아!

일우   너 거기 안 서?

성환   (앵무새) 안 서?

성환, 벽돌을 진짜 세준에게 던진다.

퍽!

가까스로 피한 세준.

세준   아, 씨발 죽을 뻔 했네.

세준, 냅다 도망친다.

cut to

오르막을 지나 막다른 골목에 다다르자

반전영화의 범인처럼 표정을 바꿔 웃으며 주머니를 뒤적거리는 세준.

오만 원권 열 장, 만 원권 세 장, 천 원권 두 장이 보인다.

세준   븅신들~

8. 우람 집 / 오전

방 창문을 두드리는 손.

똑똑!

똑똑!

우람, 아직 저 세상이다.
똑똑똑!

세준, 안을 들여다본다.
술병과 함께 우람이 널브러져 있다.
벗어놓은 검은 재킷. 유품 상자.

세준   해장해야지! 해장!

꿈쩍없다.

세준   간짜장!

우람, 어스름하게 눈을 떴다 감으려는데.
순간 통증이 느껴져 허리를 부여잡는다.

세준   곱빼기!

우람, 그제서야 눈을 떠 창을 바라보면 세준의 손에 대롱대롱 매달려 있는 만 원권 두 장.

9. 우람 집 / 낮

어제 마신 술은 술이 아니옵니다... 라는 식으로
고량주를 받아 마시는 우람.
세준, 다소 어이가 없지만 일단 자신의 면을 비비는데 충실하다.

세준   내가 낮술 사준다고는 안 했을 텐데?

우람   (다시 잔을 내밀며) 꽁술 살 놈은 아닌데.

세준   이럴 줄 알았으면 서울 오라고 안 했지...

우람   (받아 마시며) 오라고 할 땐 언제고.

세준   너 허리하고 술은 상관없냐?

우람
...

세준
심각한 수준이야?
재활이 아예 안 된대?

우람
... 술 먹자.

세준
이걸 지현 누나한테 확...
아... 됐다.

우람
근데 얼굴이 왜 그래?

아직 손도 대지 않은 우람의 간짜장 비닐을 뜯
어 면에 부어주며

세준
아... 아냐.
람아. 일 하나 하자.

우람　　나 물만두부터....

세준, 간짜장을 내려놓고 옆에 놓인 물만두 접시를 집는다.

세준　　어. 어 먹어 이 새끼...

　　　　그래... 먹어라...

우람　　(그제서야 자신의 면을 비비며) 무슨 일인데.

세준　　쉬워. 아~주 쉬워. 그냥 서 있기만 하면 돼.

　　　　그리고 이거.

왼쪽 뒷주머니에서 현금 뭉치를 꺼낸다.

10. 테일러 숍 / 초저녁

해질 무렵의 이태원.
우람이 자신과는 어울리지 않아 보이는 멋들어진 테일러 숍 문을
열고 들어간다.

세준(V.O) 너 치수잰 거 기억하지.

　　　　　슈트 나왔댄다.

　　　　　잔금 내고! 그~대로 입고! 가게로 와.

띠링~

문에 달린 종소리가 들리자,

전신 거울을 보고 서 있는 회백발의 남자(이하 백사장(男, 47)).

올 화이트 슈트.

그 옆에 테일러 숍 강사장(男, 52).

오랜 테일러 경력을 뿜어내는 듯한 아우라. 멋지다.

오묘한 눈빛으로 백사장의 옷매무새를 만지고 있다.

우람이 들어서자 경계하는 듯 보이는 그의 눈빛.

강사장　　(중저음 카리스마) 아는... 남자야?

백사장　　쟤야. 내가 말한...

강사장, 다시 한번 우람을 위아래로 스캔한다.

강사장　　아... 쟤야?

우람, 뻘쭘한 표정.

강사장　　(옷을 꺼내러 가며) 나쁘지 않네~

우람, 쭈뼛거리다가 백사장과 눈이 마주친다.

백사장, 손짓을 휙휙 하며 오라고 한다.

우람, 다가가면,

백사장
(쓰윽 보며) 왔나.

우람
네에?

백사장
(셔츠 소매를 채우며 다가온다)
듣던 대로 와꾸 죽이네~

우람
(머쓱해하며)
아... 네.

백사장
운동 했다고?

우람
네...

백사장
(어설픈 동작을 취하며) 씨름? 천하장사?

우람
아... (중얼) 근데 천하는 아닌... 네. 뭐...

백사장
(엄지척) 이야~~ 근데.

우람   네...?

백사장   (자르며) 됐고.

(가봉실을 가리키며) 들어가서 옷 입고 나와라.

내가 발목 기장은 따로 좀 잡아놨다.

... 강사장~!

11. 이태원 프로스트 로드 / 저녁

눈이 멀 정도의 광이 나는 칼 구두.

완벽한 핏감의 네이비 슈트 팬츠.

어깨뽕이 잘 살아있는 재킷.

다림질이 잘 된 빳빳한 셔츠 깃.

우람과 백사장.

두 남자가 이태원 메인거리를 '런웨이' 하면,

사람들이 흘낏흘낏 쳐다본다.

(맞춤슈트가 어색한지 쭈뼛거리지만) 충분히 멋있는 우람.

그를 보는 흡족한 표정의 백사장.

12. 트랙스 안 / 저녁

트랙스 안 실내로 들어온 두 남자.

백사장이 전원을 넣자, 레드와 바이올렛의 조명이 하나 둘 들어온다.

몽환적인 분위기.

음악을 튼다. 90년대 디스코.

백사장 (흐뭇) 세준아아~ 불 좀 키고 해라 임마.

세준이 주방에서 술 박스를 옮기고 있다.

세준 한푼이라도 아껴야죠. (우람을 보며 찡긋)

우람 (대충 눈인사) 저는... 그럼 무슨 일을...

cut to

취해서 난동 부리는 폭력남을 저지하는 우람.

cut to

토하는 손님의 등을 두드리는 우람.

cut to

미끄러지는 취객을 들쳐업고 내려오는 우람.

cut to

우람의 엉덩이를 쓰윽 잡는 변태남을 살포시 들어 소파에 던져버
린다.

13. 트랙스 안 / 심야

어느 덧 밤이 깊은 이태원의 심야.
한숨 돌리러 나온 우람, 담배를 무는데 어느새 세준이 옆에 와 서
있다.

세준   마이 힘드나?

우람   야, 뭐 얘길 해주고....

세준   이 일이라는 게 앵간한 떠바리, 그리고 근성 가지고는 안
          되거든?

우람   ...

세준   못하겠어?

우람   (진지) 어. 나랑은 잘 안맞...

백사장   우람이~ 수고했다.

언제 나왔는지 봉투를 내미는 백사장.

우람   사장님... 저 드릴 말씀이...

백사장   왜. 이게 적어?

우람, 봉투를 열어보는데...

14. 냉삼집 안 / 새벽(3시)

이태원의 냉동삼겹살집.
카리스마 넘치는 사장님이 고기 판을 갈아(이미 몇 판째라는...)
준다.

사장님 (중저음. 흐뭇) 잘들 드시네.

세준, 꾸벅 인사하고. 자기 생일인 양 신나서 삼겹살을 쌈 싸먹고
있다.
우람, 피식 웃으며.

우람 맛있냐.

세준 웅웅!!

우람, 세준이 따라준 소주를 들이키려는데
반대편에 혼자 삼겹살을 먹고 있는 현지가 보인다.
이른 아침에 세팅한 것으로 보이는 메이크업과 옷매무새가 많이
풀어져있다.
긴 하루를 보낸 듯하다.

혼삼, 혼술. 참 맛나게도 먹고 있다.

세준
왜. 뭐 있어?

세준, 돌아보려는데

우람
아. 아냐. 먹어.

세준
일할 만하지.
올 여름만 딱 하고 복귀해. 응?

우람
복귀?

세준
그럼... 안 하려구?

우람
글쎄...

세준
(본인 고기 쌈 싸먹으며 쩝쩝...) 팀에선 뭐래?

우람
...

울리는 진동.
보면, '기호 형'이다.

세준
안 받아?

우람   ...

세준   (척하면 척인지)

         코치님은 속도 좋지...

우람   ...

세준   한 잔 해...

우람, 담배를 들고 나간다.

세준   새끼... (다시 쌈을 열심히 싼다)

15. 냉삼집 밖 / 새벽

우람, 담배를 톡톡 털며 불을 붙이러 나온다.

먼 산을 바라본다.

불이 꺼지지 않는 도시, 이태원의 전경이 눈에 들어온다.

우람   하아....

휴대폰 진동이 울린다.

다시 '고감독님' 이다.

문자가 온다.

고감독(V.O/문자) 전화 부탁한다.

담배를 문다.

우람   하아...

현지가 나온다.

먼 산을 바라본다.

현지   하아....

서로를 흘낏 보는 두 사람.

우람, 담배를 깊숙하게 물며 다시 허공을 바라본다.

그런, 우람을 빤히 보다가 다시 먼 곳을 응시하는 현지.

두 사람 사이에 정적이 흐른다.

그리고는 자리를 뜨는 현지.

가로등 불빛이 그녀의 그림자를 길게 늘어뜨린다.

16. 보광동 골목길 / 새벽

거나하게 취해 오르막길을 걷는 우람, 세준.
멀리 선술집에서 노래가 흘러나온다.
'흰 밤'
♬ 이태원 네거리 밤하늘에 달이 오른다~ ♬

세준   고생했다.

우람   고생은...

세준   거봐. 형이 할 만하다 그랬잖아. 그치?

우람   형은... 생일도 느린 게... 혀엉....해봐. 혀엉...

세준   혀.... 엉 이라 할 줄 알았냐 새키야?

[골목 반대편]

(조금 전과 달리) 편안한 복장으로 갈아입은 현지.
마트에서 생필품을 사서 걸어가고 있다.

새끼 원숭이처럼 우람에게 매달려 킥킥 대는 세준.
노래가 좀 더 크게 들려오고.
♬ 한 여름의 밤~ ♬

우람　　(가사를 이어 받으며) ♬ 또 달과 같이~ ♬

세준, (뭐야 이 와중에) 하며 우람을 보고,

[골목 반대편]
노래가 들리자 흥얼거리며

현지　　♬ 하이얗게 빛난다~ ♬

현지가 우람 쪽으로 가까워지면서 둘이 동시에
♬ 이태원 네거리 밤하늘에 달이 ~ ♬

외로운 한밤 이태원의 골목길.
골목 구석에서 주운(것으로 보이는) 축구공으로 장난을 치는 두 남
자.

흰 밤 (A White Night)

영화 <더블패티>(Double Patty) Main Theme

Lyrics by 백승환
Composed by 이상훈 (4BROS. MUSIC)
Arranged by 이상훈 (4BROS. MUSIC)
Vocal by 아이린 (IRENE)

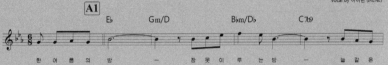

우람
안 내놔? 안 내놔?

세준
뺏어봐! 뺏어봐! 못하지? 못하지?

우람
이 자식이...

우람, 우월한 다리 길이로 공을 뺏으려는데 의
외로 잘 피하는 세준.
아이처럼 몸싸움하는 두 남자.

주거니 받거니 페이크 동작을 하다 둘이 서로
반대 방향으로 넘어진다.
지쳤는지 大자로 뻗는 둘.

둘을 스쳐 지나가는 현지.
우람, 한참을 바라본다.
현지, 잠시 둘을 쳐다보곤 갈 길을 재촉한다.

세준
(우람 뒤통수에 꿀밤을 먹이며) 븅~신.

우람
응?

세준
해장하러 가자. 형이 쏜다.

우람
어.. 어.

우람, 다시 고개를 돌려 현지가 지나간 방향을
한참이나 쳐다본다.

17. 우람의 생활 몽타쥬

해가 서쪽으로 넘어가면, 슈트를 차려입고 가게로 출근한다.

음주폭력남들을 제지하고, 들쳐업고, 내던진다.

우람, 힘들다. 재미없다.

우람 머릿 속에 스치는 소리.

고감독(V.O) 운동 하는 놈이 힘을 다른데 쓰기 시작하면, 그걸로
끝이다.

그런 우람을 의미심장한 미소로 바라보는 백사장.

드랙퀸들의 일상.

일을 마치고 이태원 컵밥집 앞에 선 우람, 세준.

18. 아카데미 대기실 / 아침

긴장감이 감도는 대기실.

꽃단장을 한 남녀 수강생들이 대기실에서 발을 동동 구르고 있다.

그 와중에 유난히 쾌활한 수진(25), 시크해 보이는 나정(25).

현지는 조용히 앉아 기사 원고를 읽고 있다.

[원고]

문 대통령은 노사정의 협력이 3분기 경제 반등을 이루는 원동력이 될 것이라며, 위기 환경 속에서 고통을 분담하는 사회적 합의와 대타협의 중요성을 강조했습니다. 경사노위도 민주노총 불참의 아쉬움을 언급하면서도, 조속한 협약 이행과 후속 조치를 위한 특별위원회 구성을 약속했습니다.

수진   언니, 항상 다 외워오지 않아요?

현지, 못 들었다.

수진   언니!

현지   어... 어?

나정   (둘째 손가락을 입술에 대고) 쉿!

수진   (아랑곳하지 않고 작은 소리로) 언~니 다 외우잖아요 항.상!

현지   아, 다 못 외웠어요.

스튜디오 문이 열리고,

진행자　다음! 12번부터 들어올게요.

나정　어머, 최세영이다.

수진, 나정이 가리킨 방향을 본다.

수진　응?

나정　최구철 앵커 딸.

눈빛 교환 없이 하이파이브 하는 수진과 나정.

수진　알지. 채널 M 전설 최구철.
　　　　(세영 얼굴을 빤히 보며) 선지영 뺨치게 도도하지.

새벽에 청담동 숍을 들렀다왔음이 분명해 보이는 헤어 셋업과 메이크업. 당당함과 더불어 고상한 격조까지 느껴진다.
최세영(26)이다.

현지도 고개를 들어 그녀를 본다.

잘 아는 사이인지 서로 가볍게 눈인사.

수진   (세영에게 다가가) 언니, 언니 어땠어요?

세영
뭐 똑같지. 최인훈 선생님이 잘 리드해주셔.

수진
중간에 안 자르고요?
애들 말로는 항상 커트 당한다던데.

세영
(도도) 응... 나한텐 안 그러시던데?

수진
어머어머. 그건 언니니까 그런 거고... 아 나 어
떡해...
왜 하필 최인훈이야....

나정
(갑자기 끼어들며) 3분 가이드 지켜야 하죠?

세영
(나정을 흘낏 보고) 응. 그래야 할걸?
(현지에게) 다시 나오나 보네?

현지, 원고를 마저 보다 고개를 들었다가 다시
원고에 집중하며,

현지
아... 다시 나오는 건 아니고 오늘 모의 있다길
래.

세영
왜? 계속 나와야-

현지
(자르며) -혼자가 편해.

세영　(차갑게) 그러든가.

진행자 다시 나오며.

진행자　앞 순서가 좀 딜레이 돼서 빨리 빨리 진행할게요.

　　　13번 이수진, 14번 김나정, 15번 이현지 미리 준비해주세

　　　요. 응시자 한 명 들어올 때 바로 다음 순번도 들어와서 대

　　　기할게요.

수진　네!!

현지　(세영에게) 나, 화장실 좀.

세영　…

또각또각 소리를 내며 대기실을 나가는 세영.

그녀의 미모에 다른 남자 수강생들이 유난히도 쳐다본다.

스터디 멤버로 보이는 남자 둘(동석(27), 홍석(28), 여자 하나(연

지, 25)가 세영과 함께 나간다.

19. 화장실 / 아침

거울과 마주하고 있는 현지.

렌즈를 눈에 낀다.
천천히.
천천히.

심호흡을 한다.
옷매무새를 가다듬고 다시 한번 거울을 본다.
옆머리를 정리한다. 얼굴을 만져본다.
잔뜩 긴장한 표정.

20. 스튜디오 / 아침

심사석에 앉아있는 현직 아나운서 세 명.
가운데, 단아한 표정의 이지인(33),
다부진 체격과 남성적인 매력의 마스크, 김일두(40)
그리고 한 편에 시큰둥하게 앉아 있는 회백발의 최인훈(45). 그 옆
자리에 앉은 나정.

이지인   ... 네, 그럼 김나정 지원자, 이어가겠습니다.

잔뜩 긴장했지만 티를 내지 않으려고 안간힘을 쓰고 있는 나정.

나정   네, 안녕하세요. 김나정입니다.
(기침) 코로나 사태가 연일 심각해지는 가운데 정부에서
는 소상공인들을 위한 비상 대책을 내놓았-

최인훈   잠깐. 원고에 뭐라고 되어있지?

나정   네?

최인훈   오.늘. 정부에서는 일 텐데.

나정   아...

김일두, 빠른 분위기 파악 후 마이크에 대고

김일두   아.. 아?

나정   죄...송합-

최인훈　다시.

나정　(이전보다 안정감이 없어진 목소리)
　　　네네, 아. 안녕하세요. 김나정입니다.
　　　코로나 사태가 연일 심각해지는 가운데 정부에서는. 아,
　　　오늘 정부에서는 소상공인들을 위한 비상 대책을...

뒤에서 지켜보는 현지.
떨려서 못 보겠다.

나정, 만신창이가 된 얼굴을 하고 나간다.

최인훈　아니 기본이 안 되어있는데 모의에 왜 응시하는 거지?
　　　저기... 김일두 아나운서?

김일두　예. 그게 이번 모의는 전 인원 대상이라...

최인훈　내 시간은.
　　　저기 준비 열심히 해 온 친구들은.

모두가 묵묵부답.

최인훈 됐고, 다음 갑시다.

완벽하게 냉각된 실내 공기.

김일두 다음?

이지인 15번. 이현지님.

현지, 얼음장처럼 굳어버린 몸.

현지 (손을 들어) 네. 이현지입니다.

현지, 들어와 데스크 의자에 앉는다.

이지인 못 보던 얼굴이네요?

현지 네. 수강은 못.. 안 하고 있습니-

김일두 -가봅시다.

이지인 (빠르게) 네. 여의도 국회에 나가있는 이현지 기자 받아보
겠습니다.

현지   네. 저는 지금 국회에 나와 있습니다.

   415 총선 이후 여야의 대립이 보다 치열한데요, 추경예산

   에 대한 양측의 입장차가 좀처럼 좁혀지지 않고 있습니다.

현지, 최인훈 눈치를 한번 보면, 계속 해보라는 눈짓.

현지   (안도) 오늘 오후 열리려던 영수회담이 결렬되고 나서...

현지 제법 잘 하는 듯 보이는데.

최인훈   그만.

현지   네?

최인훈   소리는 좋아.

   근데 말을 해야지. 읽지 말고.

현지   ...

최인훈   원고 내용이 무슨 얘긴지 알아요?

현지   ...

최인훈 예산안에 대한 양측 입장의 초점이 뭐야.

현지 어.. 어.. 그건. 일단 여당은.

최인훈 읽지 말고, 이야기를 해요.
　　　　다음.

현지 ??

김일두 (괜히 버럭) 다음!

현지, 이지인 쪽을 보면 어서 나오라는 표정.

현지 죄....죄송합니다.

김일두, (그 와중에) 사람 좋은 미소로 빨리 나가보라는 손짓.
현지, 서둘러 챙겨서 문 쪽을 향해 간다.
고개를 숙여 인사하고 문을 닫으려는데.

최인훈 눈이 좋아.
　　　　계속 해봐.

현지   가... 감사합니다!

21. 아카데미 앞 / 낮

복도 모니터에 게시된 응시자 총 평점.

1위 : 최세영 98점.

그 아래 자신감 넘쳐 보이는 세영의 프로필 사진.

압도적이다.

현지, 터벅터벅 걸어 나온다.

주차장에서 나오는 은빛 인피니티.

창문이 쓰윽 내려온다.

세영   가다 내려줘?

옆자리에 있던 연지가 고개를 들이민다.

연지   언니, 타세요~

현지　　(언제 봤다고 언니야...) ... 아냐, 좀 걸을래.

세영　　... (혼잣말 비스무리하게) 세상 혼자 사네.

부웅~. 멀어지는 인피니티의 엉덩이를 보는 현지.
꼬르륵~. 배에서 진동하는 소리.

현지, 휴대폰을 든다.

현지　　네, 어머님~ 제가 수업이 좀 늦게 끝나서요~ 30분만 늦춰
　　　　도 될까요?
　　　　네네~ 네. 감사합니다!

22. 컵밥집 / 점심

숨을 헐떡거리며 컵밥집 앞에 도착하는 현지.
손목시계를 본다. 1시 58분.
런치 할인. 2,900원. (12:00-14:00)
안 늦었다!

현지   아저씨! 러... 런치 참치마요스팸이요!

2,900원짜리 단품을 사는 현지.

컵밥을 받아들고 창가에 앉는다.

가방에서 텀블러를 꺼내 물을 벌컥벌컥.

이후, 다 큰 처녀가 이래도 되나? 싶을 정도로 우걱우걱 해치우는

현지.

23. 과외 방 / 오후

얌전히 앉아 한글을 한 땀 한 땀 따라 쓰고 있는 주원(男, 4).
식곤증으로 꾸벅꾸벅 졸고 있는 현지.

똑똑.
다과를 들고 들어오시는 어머니. 젊다.

어머니　(유난히 밝은 미소) 선생니임~~ 좀 드시면서...

현지, 화들짝!

현지　　주원아, 그니까 여기서... (주절주절)

현지의 졸음을 감싸주는 귀여운 주원.

주원　　네, 선생님~

현지, 어머니를 보고 생계형 미소 찡긋.

24. 사우나 / 오후

사우나에서 목욕재계를 하고 나오는 우람과 세준.

우람, 운동을 안 한지 꽤 됐지만, 몸이 보통은 아니다.

그를 흘낏흘낏 보는 남자들. 자신의 몸과 비교해보고 위축감을 느
낀다.

상대적으로 날렵한 세준.

세준   (어색한 경상도) 우리 강우람이 안 죽었네?

          (<범죄와의 전쟁> 하정우) 사랐있네?

우람, 크고 우람한 팔을 들어 위협하는 장난을 한다.

세준   (<공공의 적> 설경구) 형이 지금 피곤하거든?

한두 번 들은 레퍼토리가 아닌 듯 우람, 표정으로 받아주면,

세준   (기세등등) 좋은 기회잖냐. 그냥 씻고 가라.

우람, 피식 웃어주며 두르고 있던 타월을 풀어 던지고 락커로 가려
하는데 세준, 순간 우람의 중요한 곳을 보게 되자 눈이 번쩍! 이내
자신의 소중이로 눈이 향한다.

우람, 아빠 미소로 웃어 보이면,

세준   야, 나 냉탕 갔다 나와서 그래!

우람   (우월함과 여유) 알았어~ 뭐... (쓱 봐주며) 괜찮네~~

세준, 다시 그의 센터로 눈길이 갔다가 거울에 비친 자신을 본다.
착잡한 마음, 달랠 길 없다.

우람   사이다 먹을래?

세준   (새침) 난... 콜라.

우람, 락커를 여는데 휴대폰에 부재중 2통.
고감독님이다.
휴대폰을 보는데 다시 전화가 온다.
큰 누나.

우람   어 누나.

큰 누나(V.O) (전라도) 우리 막내 어디여?

우람   나 뭐 그냥 있어.

큰 누나(V.O) 예쁜 누나 안 보고 싶어?

우람   바뻐. 왜.

큰 누나(V.O) 진짜 안 보고 싶어? 난 우리 막내 보고 싶은디?

우람   뭐야 대낮부터 거래처 선생님들 만났어? 취했어. 끊는-

큰 누나(V.O) 용돈 안 필요-

우람   어디로 갈까요 누님.

25. 홍탁집 / 오후

곧 쓰러질 것 같은 노포.

홍탁집 테이블에 앉은 큰 누나, 지현(40). 그리고 우람.

그리고 웬 양복쟁이 남자.

머리를 질끈 묶은 노포 사장(女, 35 / 이하 다홍)이 삭힌 홍어 한 접

시를 들고 온다.

다홍   언니, 이게 얼마 만에 온 겨?

          우람이 요새 왜 테레비에 안 나와.

우람   …

지현   다홍아. 얘, 이제 운동 안 한대.

다홍   뭐? 그 잘 하는 걸 왜 안 한디야?

지현   몰라. (우람을 째려보며) 안 한대...요오~

다홍   (혀를 끌끌 차다가 지현에게) 우리 강차장님은 북부, 서부,

          동부 다 쓸었쎄예?

지현   (어깨를 으쓱하며) 이 제약업계에 적수가 없다. 다홍아.

다홍   (엄지척) GK에서 오퍼 받았대매. 안가고? (진수 쪽을 보더

          니) 근데 못 보던 오라방이네?

각 잡고 앉아있던 양복쟁이 진수(43)

진수
아, 사장님. 처음 뵙겠습니다. 정진수라고 합
니다.

다홍
(지현을 바라보며 입모양으로) 남.친?

지현
(휙휙 손을 내저으며) 에이~ 아니야. 아니야.

다홍
그치? 우리 지현 언니 짝으로는 (손바닥을 본
인 얼굴에 저으며) 이게 쪼~깨 아쉽다 했어.
그쟈?

지현
(자르며) 홍아, 우리 막걸리.

다홍
아. 막걸리. 지평?

지현
아니 난 장~수!

다홍   역시 판매왕. 먹어 본 놈... 아니 년이 먹을 줄 안다고...

        우람이는? 콜라?

우람   아뇨. 이제 운동 안 한다니깐요. 먹고 죽게 장수 두 병 더

        주세요.

진수   (깍듯) 예. 사장님. 두 병. 아니 세 병 부탁드립니다.

우람, 쳐다보자,

진수 버선발로 일어나

진수   제가 할게요. 주세요. 주세요.

다홍   이 오빠 날쌔네.

막걸리 세 잔을 따르고

우람 당당하게 마시는데 진수, 돌려 마신다.

지현   어? 뭐. 왜 그래요.

        우람이 니가 돌려 마셔야지.

진수   아, 아닙니다.

우람, 대구 않고, 홍어를 한 점 집어 초장에 푹 담갔다가 입에 넣는다. 진수, 말없이 바라보자, 지현, 홍어를 집어 초장에 찍으며.

지현   혹...시 못 드세요?

진수   아! 아닙니다!

지현   어머어머. 못 드시는구나?

주방에 있던 다홍

다홍
(놀린다) 아이고... 고단백 고열량. 최고의 완전
식품인데 이걸 못 드시는구나?

진수
아! 아니에요!! 아니에요. 먹...을 수.. 먹어 보
겠습니다!

지현
어머. 어떡하지? 다른 데 갈 걸.

진수
아닙니다!

지현
내 정신 좀 봐. 당연히 드실 줄 아는 줄 알고...

우람
진짜 (사내 대장부가 이런 것도...) 못 드세요?

진수, 젓가락으로 제일 큰 놈을 집어 초장을 듬
뿍 찍는다.
눈 딱 감고 입 안으로 첨벙.

정적...

진수
읍... 맛있는데요?

지현   진짜요?

그제서야 피식 웃어주는 우람.

지현, 진수도 웃음이 터진다.

지현   한 점 더 드세요.

지현, 깻잎에 싸주는데 당황하는 진수.

우람, 빨리 받아먹는 게 좋을 거라는 남자 對 남자로서의 눈짓.

진수   까이꺼 먹습니다!

우욱!

생각보다 역한 냄새에 구역질.

지현   천천히 드세요.

　　　　　막내야... 먹을 만해?

우람   (두 점을 집으며) 내가 못 먹는 거 봤어?

지현   그~치? 한 점으로는 쪼까 서운해잉?

　　　　　짠~

cut to

막걸리 통이 여덟아홉 통 쌓여있고...

진수는 토(?)하러 간 듯.

우람　　(취기. 잔을 비우며) 이... 아저씨 보여줄라고 부른거야?

지현　　(취기) 그런 거 아니거든?

우람　　가만 보니... 누나 스타일인 것 같기도 하고... (갸우뚱)

지현　　어디가. 어느 구석이.

우람　　난... 딱 보면 알지.

지현　　니가 어떻게 알아.

우람　　내가 몇 명을 봤는데...
　　　　　어디보자... (손가락을 세며)... 김찬우, 박대기, 이재원...

지현　　(자르며) 고감독 많이 안 좋대.

우람　　응?

지현   가봐.

우람   아...

지현   (취기 조금 더 올라)... 성민이... 성민이는 좋은 데 갔을 거야.

우람, 눈망울이 촉촉해진다.

지현   그리고... 너랑 고감독이 이렇게 사는 거 성민이가 바라는
         거 아니지 않을까?

우람   ...

26. 트랙스 안 / 저녁

가게 앞에 나와 있는 백사장.
우람, 술이 좀 오른 채로 출근하는 길.

백사장   어이~ 우리 강장사!

우람　네. 안녕하-

백사장　윽! 이 냄새 뭐야?

우람　아. 냄새... 나나요?

어느새 옆에 와 있는 성환, 일우.

성환　오 마이 갓.

일우　왜왜. 오 마이... 잇츠 홍어.

오버하는 두 드랙퀸. 오늘 따라 의상이 유난히 요란스럽다.

백사장　오늘 가게는 됐고, 씻고... 일 하나 해줘야겠다.

우람　네?

백사장　응. 내 받을 게 좀 있어 가지고.

27. 포커 하우스 / 저녁

포커 판을 벌이고 있는 중년의 보스들.
중후한 아우라의 김태곤(62), 희끗희끗한 머리에 강한 인상 정현석(43)

입구에서 큰 소리가 난다.
우람, 소란을 피우다 덩치가 제법 큰 신참 한 놈을 물리치고 들어오자.

정현석 뭐야?

우람 저기... 여기 김태곤 사장님이라고...

정현석, 김태곤을 쳐다보면.

김태곤 (카리스마) 왜에?

우람 아... 저희 사장님이 받아오라는...

김태곤 ... 뭐라고?

정현석   형님. 저희가 알아서 하겠습니다.

정현석, 처리하라는 눈짓하면 수하 둘이 우람에게 다가온다.

칼자국   어이...

우람   아니...

인상파   헉. 이 새끼 냄새 뭐야.

칼자국   냄새? 응?

인상파, 우람의 얼굴에 킁킁대더니...

인상파   뭐지 이 시궁창 냄새는?

칼자국   (코를 막으며) 윽!!

인상파   뭐?

우람   아이 씨...

칼자국　뭐?

우람　(기어들어가는) 아이 씨...

둘이 우람을 밀치려 하는데,
우람, 차례로 들어 던져버린다.

우람　먹는 것 가지고 뭐라 그래.

어안이 벙벙해진 정현석과 김태곤.

우람　김태곤 사장님. 저는 받아갈 것만 받아가면 됩니다.
　　　주세요. 여기. 이백칠십만 원.

땀을 삐질 흘리는 정현석.
지갑을 꺼내며 칼자국을 바라보는 김태곤.

28. 우람의 수금 몽타쥬 / 밤

현찰을 흐뭇하게 세고 있는 백사장.

천군만마를 등에 업은 표정이다.

어깨들을 한 손으로 제압해 버리는 우람.

조직원 여러 명이 달려들지만 가볍게 던져버리고 돈을 받아내는

우람. 씨름의 기술이 이렇게 현업(?)에서 유용하게 사용될 수 있단

말인가. 싶을 정도. 타격 한번 안 하고 팔과 다리 기술로 간단간단

하게 적(?)들은 제압하는 우람. 다른 사장들한테서도 연락이 온다.

일이 들어오는 대로 수금을 하러다니는 우람.

그런 와중에 연장을 쓰고 달려드는 건달들.

얼굴이 상하는 우람.

고감독(V.O) 운동하는 놈이... 주먹을 쓰면 그때는... 끝이다.

29. 5계단식 강의실 / 아침

강의실 입구 앞.

큰 현수막이 걸려있다.

'동문 선배와의 대화 : WTV 문희정 앵커를 만나다'

그때.

세영   열심히네.

　　　　뭐 또 들을 거 있다고.

현지   (마뜩지 않다)

　　　　그런 넌 왜 왔어.

세영   너랑 똑같지 뭐.

현지   …

세영   (캐리어에 있는 폴바셋 컵 하나를 내밀며) 좀 마실래?

　　　　방금 산 건데.,.

현지   아냐, 됐어.

둘이 계단식 강의실로 들어서자 학생들로 꽉 차 있다.

세영과 현지, 각자 자리를 찾아 앉는다.

연단에 들어서는 사회자.

사회자   안녕하세요. 동문 선배와의 만남. WTV 문희정 앵커를 만

　　　　　나다.

오늘 사회를 맡은 아나운서 이지혁입니다.

와. 계단강의실이 이렇게 꽉 찬 걸 보는 건 참 오랜만이네요. 거기 뒤에.. 네, 자리 채워서 안쪽부터 앉아주시면 감사하겠습니다. 아직도 학우여러분께서 계속 들어오고 계신데요. 대단한 열기입니다.

네네 좋습니다. 여러분 많이 기다리셨죠? 저도 개인적으로도 굉장히 좋아하는 선배님이신데요. 오늘 귀한 선배님 모시고 소중한 이야기 들어보도록 하겠습니다.

아, 영상이 먼저 나오네요.

자 그럼 영상부터 보시겠습니다.

문희정 앵커의 화려한 경력과 방송활동을 보여주는 영상.

학창시절, 신입사원 때, 정치부, 사회부, 도쿄 특파원, 뉴욕 특파원.

그리고 메인 앵커에 오른 지금까지.

그녀의 승승장구 인생이 화면을 통해 보인다.

그때, 문희정, 기다리지 못하고,

연단 왼쪽 끝에서 손짓.

사회자　아, 끄라고요?

네....!

선배님께서 쑥스러우신지 민망해하시네요.

자, 그럼 바로, 모시겠습니다.

우리학교의 자랑, 대한민국 최고의 앵커.

신문방송학과 93학번, 문희정 동문이십니다!

큰 박수로 모시겠습니다.

학생들, 뜨거운 박수로 그녀를 환영한다.

문희정, 들어선다.

현지, 문희정을 실물로 보는 것은 처음이다.

압도적인 신장. 범접할 수 없는 아우라.

멋.지.다.

무대 중앙에 위치한 문희정.

스티브 잡스처럼 무선 마이크를 셋업하고 우뚝 섰다.

문희정 안녕하세요, 문희정입니다.

오늘 다른 강의들 없어요?

뭐 대단한 사람 왔다고 모여들 있어요.

자, 뭐가 궁금해서들 왔을까...?

cut to

준비된 자료와 함께 특강을 하는 문희정.

그녀의 이야기에 집중하는 학생들의 모습.

(시간 경과)

cut to
엘레강스(女)
지원자 비주얼을 얼마나 보나요?

cut to
안경(男)
선배님, 학창시절부터 앵커를 꿈꾸셨었나요?

cut to
생머리(女)
다이어트 비결이 있으시다면 어떤 게 있을까
요?

한심한 질문 수준에 고개를 절레절레하는 문
희정.
이어 세영이 손을 든다.

문희정, 질문을 그만 받으려 하는데 사회자가
세영을 지목해주면.
세영, 번쩍 일어나.

세영
이제 방송국에서는 예전처럼 정기적으로 공채
아나운서를 뽑지 않는 것으로 알고 있습니다.
아나운서와 사회자, MC와 연예인의 경계가 허
물어진 현 시점에서 저희들에게 해주실 말씀
은 없을까요?

문희정, 언뜻 통찰이 좀 있다 싶은 질문에 고개
를 돌려 세영을 본다.
낯익은 얼굴이라는 표정.

문희정
음.
이름이?

세영
최세영입니다. 선배님.

문희정
(알겠다는 듯) 그렇군요. 최세영 후배님.
(흘리듯) 누구랑 많이 닮았네?
... 맞아요. 요새 누가 프로그램당 2~3만원 쥐
어주는 공채 아나운서를 하려고 해요.
다 전현무 김성주 하려고 하지.
안 그래요?

일동 웃음.

문희정
현무, 성주.
저보다 더 많이 벌어요.

일부 학생 다시 웃음.

문희정 저는 95년에 아나운서로 입사했습니다. 그때. 아, 또 이렇게 이야기하면 라떼는 … 되는데 뭐, 여튼! 그때는 그렇게 뽑았죠. 선망의 직업이었고, 다른 방송을 할 수도 있다는 생각은 못 했던 것 같아요. 그 와중에 기자로 입사한 친구들과는 또 다른 면에서 비교가 되기도 했어요. 앵무새라고 비아냥거리기도 했고, 뭐 같은 정치인분들? 은 성적으로 대상화하기도 했죠.

그 분들… 지금 뱃지 달고 계신 분들 별로 없을 거에요.

일동 다시 웃음.
문희정, 다시 목소리를 가다듬으며,

문희정 시대에 따라 직업군의 구성과 양상은 달라질 수 있습니다. 저는 아나운서로 입사를 했고, 제가 생각했던 세상과 다른 세상을 만났을 때 새로운 준비가 필요했어요. 사람들한테 한참 욕먹은 뒤지만, 당시 저의 선택지는 사표와 유학이었고, 다녀와서는….

…

(본인을 가리키며)

뭐 이렇게 잘 됐잖아요?

학생들 다시 박수를 친다.

문희정   못 먹어도 GO 해.

그리고 대한민국, 기성세대한테 뺏기지 말고 여러분이 다

드셔. 그게 답이야, 후배 여러분.

현지, 침을 꼴딱 삼키며 문희정의 이야기를 듣는다.

사회자   (시계를 보며) 우리에게 약속된 시간이 거의 다 됐네요.

그럼 슬슬...

현지   질문 있습니다!!

사회자, 컨트롤 박스를 보면 끊으라는 제스처.

사회자   아, 마무리 할 시간이 되어서요.

현지   저, 저, 한 가지만 여쭤보면 됩니다!

사회자, 문희정 방향을 보면,
문희정, 현지를 지그시 바라보다 그러라는 표정으로 끄덕인다.

현지   선... 선배님은 왜 그때 함께 그만두지 않으셨던 거죠?

굳은 문희정의 얼굴에서.

30. 골목길 / 저녁

늘 다니던 출근길을 향해 걸어가는 우람.
근래 받은 현금 뭉치를 보며 휘파람을 부는데.

퍽!!!

칼자국 하아... 이 존마니가 진짜.

인상파 야, 아프냐?

우람, 바닥에 쓰러진 채로 뻗어 있다.

인상파 아프냐고 시발!

우람, 반응이 없다.

칼자국 뭐야 이 새끼. 뻗은 거야?

칼자국, 인상파 둘이 번갈아 보는데

우람, '끄응...' 소리를 내며 자신의 머리를 만져본다.

피다.

우람, 눈을 떠 위를 보니 세 남자가 내려다 보고 있다.

인상파   아프지? 앙?!!

칼자국   조심하자... 응?

신참   (손을 털며) 시팔새끼...

인상파   (침을 뱉으며) 가자!

31. 이태원 길거리 / 밤

길바닥에 앉아 밴드를 붙이고 있는 우람.

허리... 아프다.

하늘을 본다. 별이 가득하다.

전화가 온다.

고감독이다.

우람   여보세요.

고감독   (낮은 소리로) 어... 받네...

우람   아...

고감독   ...

우람   죄송합니다.

두 남자 사이의 멀고도 먼 거리. 그리고 시간.
긴 정적이 흐른다.

우람   (어렵게 다시 입을 떼어) ... 몸 괜찮으...

고감독   ...아 ... 뭐...

우람   네...

고감독   ... 끼니 챙겨먹어라.

끊는다.

뚝.

우람   …

우람, 꺼진 폰을 내려다보며 만지작 거린다.

다시 하늘을 본다.
별은 여전히 밝게 빛난다.

[플래시백]

앳된 얼굴의 고교생 우람(17) 부동자세로 서 있다.
잔뜩 긴장한 표정.
편안한 얼굴로 훈련장 벤치프레스 의자에 앉아 있는 (비교적 젊은)
고감독(45).

고감독 뭘 그렇게 서 있어?

우람   아닙니다!

고감독   아니기는... 똥군기 들어가지고...

우람   아닙니다!

고감독   강우람이.

우람   네!

고감독   내가 왜 널 데려오려는 줄 알아?

우람   (???) 잘 모르겠습니...

고감독   마이크 타이슨이 2미터가 넘는 거구들을 물리친 이유가
          뭔지 아니.

우람   (반복) 잘 모르겠습니...

고감독   (쉐도우 복싱을 하며) 무하마드 알리. 나비처럼 날아서 벌
          처럼 쏜다.

우람   ...

고감독　스피드. 밸런스.

우람　아 ...

고감독　난 강우람이한테서 속도와 균형. 두 가지를 봤다.

모두가 알다시피 힘 씨름의 시대는 지났다.

이만기, 강호동? 이태현? 최홍만?

이제는 기술씨름만이 살 길이다.

무슨 말이지 알아?

우람　네 ...

고감독　그리고. 너의 스피드.

... 너의 뒤집기를... 나.는.봤.다.

우람　... 뒤집기.

고감독　(손을 내밀며)

강우람.

나랑 이 판 한 번 뒤집어 보자.

[현재]

우람, 생각에 잠겨 있는데...

'꼬르륵....'

그때 우측 상단에 보이는 심야의 햄버거집.

바지 주머니를 여기저기 뒤지는데 뒷주머니에 현찰 한 장이 만져

진다.

32. 노스트레스버거 / 밤

한 테이블의 손님 밖에 없는 한적한 심야의 버거집.

우람, 문을 열고 들어가면

헤어질 날이 머지않아 보이는 영혼 없는 커플 한 쌍이 말없이 맥주

를 먹고 있다.

우람, 메뉴판을 보면,

(심야 23:00-04:00 더블 패티. 싱글 패티 가격으로. 라는 문구와

함께)

싱글 패티 5천5백 원.

허기에 침이 꿀꺽 넘어가는 우람.

아까 발견한 뒷주머니의 현찰을 꺼내보니 5천 원이다.

아... 오백 원이 모자라...

앞 두 주머니와 재킷 안쪽을 뒤져보는데 천 원짜리 한 장이 더 나온다!

그때 주방에서 나오는 아르바이트.

고속촬영을 한 듯 느린 동작으로 등장하는 그녀.

풀어진 머리를 질끈 동여맨다.

현지다.

현지, 우람. 서로를 빤히 본다.

현지   (영혼 없이) 뭐 드려요?

우람   (어버버하며 보는데) 저... 더블 패티... 진짜 싱글 패티 가격에 주시나요?

현지, 매장을 둘러보면, 휑~ 하다.

더블 패티가 아니라 트리플 패티를 줘도 될 것 같은 상황.

cut to

더블 패티 버거를 우걱우걱 먹고 있는 우람.

현지, 콜라를 리필해 주며,

주방 쪽을 가리킨다.

현지   필요하면 더 리필해 드세요.

우람   네. 감사합니다.

목이 탔는지 콜라를 원샷한다.

cut to

현지, 더블 패티 버거를 하나 더 갖다준다.

현지   모자르신 거 같아서...

우람   (헉!) 네. 감사합니다.

cut to
현지, 물걸레질을 하다가 우람을 본다.
참 잘 먹는다.
고개를 돌려 다시 프론트로 가면,
이번에는 그녀를 보는 우람의 시선.

cut to
책을 보며 졸고 있는 현지.
우람, 한참이나 그녀를 바라본다.

밤하늘의 별이 빛난다.

33. 트랙스 복도 / 심야

백사장과 우람.

심각한 이야기를 나누고 있다.

깊게 허리를 숙이고 있는 우람.

34. 골목길 / 새벽

동이 트지 않은 보광동의 새벽.

신문을 돌리기 시작하는 우람.

뛰어서 골목골목 꼼꼼하게 돌린다.

돌계단이 보이고, 작은 한숨 뒤 바이크 정차해놓고, 뛰어 올라가기 시작한다.

땀이 범벅이 되도록 내달리는 우람.

35. 현지 집 / 새벽

현지, 문을 나서는데 원래 신문이 놓여있어야 할 곳에 없다.

두리번거려 보면 문 틈 사이에 꽂혀 있는 조간신문.

'돌리는 사람이 바뀌었나?' 하는 표정.

어쨌든 집어 들고 길을 나선다.

36. 영어 스터디실 / 아침

도로를 향해 난 창 사이로 들어오는 아침 해.

현지가 화면으로 뉴욕발 외신기자의 방송을 보고 있다.

First, health officials said we shouldn't wear face masks. Then, they said we should.

Now, many are saying we must wear masks if we want to protect the economy, reopen more schools and save tens of thousands of lives.

"If we all wore face coverings for the next four, six, eight, 12

weeks across the nation, this virus transmission would stop." said Dr. Robert Redfield, director of the Centers for Disease Control and Prevention.

완벽한 고급영어를 구사하는 재미 한인 기자.
엘레강스한 격조가 느껴진다. 멋지다.

현지, 지지 않겠다는 마음으로 원어 발음을 한 땀 한 땀 따라한다.
제법 잘한다.

37. 냉삼집 밖 / 낮

냉삼집 앞에서 불판 설거지를 하고 있는 우람.
밀린 불판이 한가득이다.
작은 한숨. 이내, 쇠수세미로 빡빡! 붙어있는 이물질을 제거하기 시작한다.
땀이 비오듯 쏟아진다.
반면, 한가롭게 담배 한 대 피고 계신 사장님.

38. 컵밥집 / 점심

오늘은 런치 '세트'다! 3400원!
현지, 앞서 그랬던 것처럼 헐떡이며 도착! 런치
메뉴를 주문한다.
아담한 여학생이 한 입에 먹기에 무척 커보이
는 보울 사이즈.
현지 뚜껑을 열어 스팸, 소시지, 야채를 차곡
차곡 비빈다.

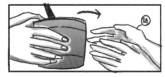

식사를 위한 완벽한 셋업과 자세.
흡사 검투사의 검이 적장의 몸을 베듯 밥알 사
이사이를 휘젓는 숟가락의 움직임.
그 놀라운 손길. 그리고 뻔뻔한 표정.

옆자리의 고등학생들, 그녀의 프로페셔널한
컵밥 흡입속도에 다시 한번 기겁한다.
그렇게 몇 분만에 런치가 순삭!

39. 냉삼집 안 / 오후

브레이크 타임이라 직원들이 홀에서 식사를 하고 있다.

각자 퍼서 먹기 좋게 고기와 밥들이 쌓여 있다.

우람, 독보적으로 많은 양을 떠서 가져간다.

기겁하는 사장님.

그러나 전혀 개의치 않는 우리의 우람.

40. 과외하는 거실 / 오후

주원네 거실.

공부하기 싫어 이런저런 이야기를 늘어놓는 주원.

그 이야기를 하품하며 끝까지 들어주는 현지.

현지   (주원의 머리를 쓰다듬으며) 자, 이제 책 다시 펴볼까?

어쩔 수 없다는 표정으로 책을 펴 드는 주원.

현지   선생님하고 딱 스무 번만 더 써볼까?

cut to

주원은 한글을 쓰고,

오늘자 신문을 꺼내 밑줄 그으며 공부하는 현지.

41. 이태원 거리 / 저녁

하루해가 뉘엿뉘엿 넘어가는 저녁.

자동차의 크락션 소리.

퇴근길 직장인들.

저녁 약속 장소로 향하는 사람들.

그렇게 이태원 네거리에 밤이 찾아온다.

42. 노스트레스버거 / 심야

한적한 노스트레스버거.
현지, 오늘도 신문에 밑줄 치며 공부 中.
중간 중간 벽에 걸린 시계를 보는 현지.
출입문을 보지만 아무도 들어오지 않는다.
신경이 쓰이는지 산만하다.

띠링...
문이 열리며 우람이 들어온다.

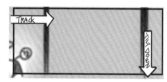

순간 활짝 미소가 지어졌다가, 머쓱한지 표정
을 가다듬는다.
우람도 헛기침을 한다.

cut to

약속이나 한 듯 더블패티 버거 두 개를 먹어치우고 있는 우람.

이제는 알아서 콜라를 리필해 먹는다.

현지, 이제서야 마음 편하게 집중하고 있다.

43. 둘의 일상 몽타쥬

심야가 되면 우람이 노스트레스버거에 오고, 자연스럽게 버거를 가져다주는 현지.

우람의 새벽 신문배달.

현지의 신문 픽업과 영어학원.

우람의 불판닦이.

현지의 런치 컵밥.

우람의 브레이크 타임 식사. 여전한 우람의 식사량에 혀를 내두르는 사장님.

주원이 문제를 다 맞혀서 하이파이브 하는 현지, 어머님의 간식이 늘었다!

현지의 모의 테스트. 항상 긴장한 표정과 그녀를 보는 동료들과 세영.

그리고 또 심야가 되면 우람이 오고, 버거를 가져다주는 현지. 우걱우걱 잘 먹는 우람.

둘의 일상이 그렇게 교차되어 간다.

44. 노스트레스버거 골목 / 심야

늘 그렇듯 노스트레스버거 골목으로 걸어가는 우람.
문자가 온다.

기호(문자/V.O) 49재 올거지?

우람, 답을 하지 않고 폰을 주머니에 넣는다.
노스트레스버거 쪽을 보다가 방향을 튼다.

45. 노스트레스버거 / 심야

현지, 노트북을 보고 있다.

손님은 없다.

시계를 보는데 우람이 올 시간이 지났다.

(시간 경과) 현지, 깜빡 깜빡 졸고 있다.

졸다가 깜짝 놀라 시계를 보고 무료하다는 뉘앙스로 하품을 한다.

현지 앞에 펼쳐져 있는 노트북.

다시 집중하려는데 유투브 팝업에 다큐 프로그램 하나가 보인다.

[다큐3일] <젊음을 불사르다 – 故 이성민 선수를 기억하다>

이성민 사진 옆에 우람이 보인다.

현지, 썸네일을 클릭한다.

이성민 선수의 미망인, 지민정(女, 25)

아직 너무 젊고 청초한 얼굴.

그녀의 품에 안긴 아이, 현이(男, 4)

깊고 따스한 감정이 배어 나오는 음악 흐른다.

지민정 그이는... 운동밖에 모르는 사람이었어요.

그녀의 인터뷰에 따라 이성민의 영상이 흐르기 시작한다.

민정과 젊은 성민의 얼굴.

혈기왕성하고, 늠름한 모습.

사람 좋은 인상. 후배들을 챙기는 넉넉한 모습. 무리 중에 유독 우람으로 보이는 캐릭터.

지금보다 더 앳된 얼굴. 고교생 강우람이다.

지민정 ...

지금도 기억해요.

정기검진에 한 번도 이상결과가 나온 적이 없었어요.

그런데 언제부터인지 좀 피곤해하더라구요.

이상하다 했어요...

...

지금도 기억해요.

우리 현이를 어린이방에 맡기다 전화를 받았어요.

그리고 바로 병원으로 달려갔...던 거 같아요.

부정맥을 앓던 이성민. 그의 쉬지 않은 체력훈련.

고감독의 열정과 이제는 없어진 현대씨름단의 스케치들....

이어 이성민의 투병생활... 은퇴... 죽음에 이르는 과정이 보인다.

지민정 (이미 눈시울이 뜨겁다)

... 마지막으로 꼭 해보고 싶은 게 무엇이냐 물었는데...

우람이... 우람 씨가 천하장사 되는 거 보는 거라고 하더라구요.

(눈물이 왈칵 올라온다)

(인터뷰어가 주는 손수건을 건네받으며) 네... 네...

저나... 우리 이야기 보다... (서운함과 애통함이 섞인 눈물)

그는... 그런 사람이었어요.

늘 주변에 따뜻하고... 사랑이 많은...

민정의 붉어진 눈시울이 화면에 클로즈업 된다.

변화되는 현지의 표정.

우람이 지금 서울에 와 있는 이유를 알게 된다.

...

그때 문 열리는 소리.

"띠링~"

우람이 들어온다.

현지, 깜짝 놀라 눈물을 훔치며 우람을 보는데 흠칫 놀란다.

우람, 취기가 있다.

현지　(살짝 당황한 톤. 주방 쪽을 가리키며) 저기... 오늘 패티가

　　　다 떨어졌는데...

우람　(딸꾹질) 아...네.

우람, 취기에 현지의 모습이 평소와 다르게 보이는 것 같다. 뭔가

말을 꺼내려는 우람.

우람   저...

현지   네?

우람   저... 수고하세요....

우람, 되돌아 나가려다 문에 얼굴을 쾅.
이태원 '토르'가 문짝 하나에 쓰러졌다!
우람에게 달려가 묻는 현지.

현지   괘... 괜찮으세요?

우람   아... 네. 네.
           ... 문... 문이 닫혀... ㅅ...

우람을 보니 코피가 난다. 코피를 확인하는 우람.
현지, 들고 있던 행주를 보다 (그닥 더러운 것 같지 않아) 코피를
닦아준다.

우람   괜찮... 은... 괜찮...

괜찮다고 행주를 뺏으려다 현지와 손을 잡는다.

정적.

코피를 닦는 우람.

현지   진짜 괜찮아요?

우람   무... 문이...

현지   (귀를 대며) 네? 문... 문이요?

우람   무... 문... 몇 시에 닫으세요?

46. 곱창지대 / 심야

아주 '실'한 곱창의 곱이 듬뿍듬뿍 배어나오는 곱창전골 2인분.
적당히 먹기 좋게 끓어 이제 한 숟갈 해도 좋을 법한데 그러지 못하
고 어색하게 앉아 있는 두 사람.
매일같이 얼굴을 봤던 성인남녀라 하기에 너무나 머쓱한 상황이다.
현지, (직진하는 성격답게) 선빵. 먼저 입을 뗀다.

현지   (담백. 작은 소리) 삼촌. 처음처럼 하나 주세요.

삼촌   참(이슬)?

현지   (소곤) 처음.

삼촌   응... 참...!

현지   아니~ 이슬이 말구요!

삼촌   (병을 꺼내 흔들며) 오키~! 요새는 이즈백이지?

현지   (버럭) 처음! 처음 달라구요!

삼촌   (왜 화를 내고....그래...)
           야! 여기! 처음처럼 하나!

삼촌, 주위를 둘러보는데
각자 맡은 테이블에서 볶음밥을 비벼주고 있는 알바 둘.
'뭐야 저 꼰대' 하는 표정.

삼촌   내... 내가 갖고 와야겠다.

현지   아, 클라우드도 하나. 아니, 둘.

       ... 주세요.

삼촌   크... 클라우드도!

삼촌이 소주 맥주를 가져다주자
자연스럽게 '말려'하는 현지.

현지   (우람의 상태를 살피며) 아, 드실 수 있겠어요?

우람   그... 그럼요.
        (딸꾹)

현지   딴소리 하기 없기에요.

자신만의 노하우로 소맥을 타서 우람에게 건내려는 현지.
우람, 숟가락을 들어 휘저으려고 하자,

현지   에이~ 에이.
        젓지 말고, 흔들어서.
        ... 오케이?

우람   아. 네. 네. 오케이.

현지   첫 잔은 원샷.

우람   ?

현지   헌법에 나와 있대요.

우람   ?

우람의 눈에 들어오는 현지의 가방 사이로 '최신 시사교양 2019'

우람   아.. 네 헌법.

자연스럽게 소맥을 원샷하는 두 사람.
우람, 이제 먹어도 될 듯한 곱창을 집어 먹으려는데
어느새 두 번째 소맥을 완성한 현지.

현지   둘째 잔까지도 원샷.

우람   ???

현지   (다시 책 쪽을 보며) 민법에 나와 있대요.

우람   ???

       아... 민법.

현지   원샷.

우람   (방법이 없다) 원샷.

둘의 소맥이 비워지자,

현지   태백장사가 왜 안 먹고 있어요. 쫄겠다.

우람   (지가 못 먹게 해놓고... 잠깐...) 네? 네? 저... 아셨어요?

현지   잘 먹겠습니다~

우람   아...

현지   (걱정하지 말라는 표정과 함께)

       내가 살게요. 내가 누난 거 같은데~

우람   누나... 시구나.

현지   아니에요?

           올해 어떻게 되는데...

우람   저 나이 좀 있는데.

현지   진짜... 요?

우람   네...

현지   어떻게 되시는데요?

우람   둘이요..

현지   둘?

우람   스물...둘이요.

현지, 씹던 곱창을 뿜을 뻔.

현지   푸하하하핳!!!

           드세요~~~

우람   ????

현지   드세요~ 스물둘 씨~~

우람, 기죽지 않고 잘 집어 먹는다.

현지   혹시... 그럼 군대는...

우람   아... 아직...

현지   (다시 뿜으며) 푸하하하하!!
         많이 먹어요, 우람...씨.

우람   (총각) 아, 감사합니다. 항상.

현지   (됐고) 많이 먹어요.

현지, 다시 소맥을 타려는데...

우람   제가 하겠습니다. 누... 님.

현지, 잠시 멈추고 우람을 빤히 보더니...

현지　먹어요. 누나가 할게요.

우람　아. 네!

다시 소맥을 말아서 공급하는 현지.

현지　삼촌, 곱창 2인분 더 주세요.
　　　　(소주 맥주를 들어 보이며) 이것도 하나씩...

삼촌, 이제는 호흡이 맞는 듯 찡긋.

cut to

(시간이 경과되고 술병들이 제법 쌓였다. 볶음밥을 비벼주는 삼촌)

현지　그래서 술 마시고 왔구나, 오늘?

우람　네, 뭐... 꼭 그런 건 아니고.

현지　많이 힘들었겠네요.

우람　그런 건 아닌데.

현지   그래서 (씨름 동작을 따라하며) 그만둔 거예요?

우람   (웃음) 아, 그렇게 하는 게 아닌데...

현지   그럼, 어떻게... 이렇게? 이렇게?

더 이상하다.

우람   딴 거 하세요. 안 맞는 거 같아요.

현지   ...
그래서 그만두게요?
이성민 장사가 하늘에서 (젓가락으로 위를 가리키며) 쩌
어기~하늘에서 보고 있을 텐데.

우람   ... 근데 어떤 거 공부하시는 거예요?

현지   ...

우람   맨날 공부하시잖아요.

현지   얘기해주면... 알아요?

우람   ... 아...

현지, 맞은편에 TV를 본다.
80년 5월의 광주비디오를 틀어주는 공영방송.
독일의 위르겐 힌츠페터가 광주 시내 한복판에서 리포트 하는 모
습이 보인다.

우람, 돌아서 보면...

우람   아...

현지, 사뭇 진지한 눈빛.

현지   될 거... 같아요?

우람   ... 네!!

현지   잘 알지도 못하면서...

우람   음... 알아요!
             잘 되실 거 같아요.

현지　어떻게?

우람　열심히 하시잖아요.

현지　우리 아버진...

　　　　열심히만 하시다... 세상에 지셨어요...

다시 한잔 청하며.

우람　...

현지　다 열심히는 해.

우람　열심히... 잘... 하실 거 같은데...

현지　...

　　　　에잇. 밥 식는다! 남기지 말고 다 먹어요.

　　　　남기면 지옥 가서 다 먹어야 한대요.

우람, 들고 있던 술잔을 비우고, 남은 볶음밥을 흡입한다.

그때 이모가 TV를 돌리면,

심야토론의 문희정 앵커다.

현지가 바라보는 방향으로 고개를 트는 우람.
문희정과 현지를 번갈아 본다.

현지의 진중한 눈빛.
그런 눈빛을 진지하게 보는 우람.

현지　　2차 갈래요?

우람을 쳐다보는 현지.

47. 현지 집 / 심야

남산 하얏트 전경의 우사단로 꼭대기.
오픈 하우스 형식으로 차려진 집.
게스트들이 맥주를 마실 수 있게 되어있다.
입이 쩍 벌어진 우람.
구석에 현지의 캐리어 가방 두 개가 보인다.

우람 여기... 사세요?

현지 왜요. 후저 보여요?

우람 아뇨... 좋아서.

현지 보증금 빼느라 잠시 얹혀살아요. 앉아요.

현지, 냉장고에서 캔맥주를 꺼내온다.

현지 (흔들며) 딱 두 캔만 훔쳐 먹읍시다. (찡긋)

턴테이블에 LP를 올린다.
둘이 나란히 앉아 심야의 남산 방향을 바라본다.
서울은, 꽤 근사한 도시다.

현지 우람씨는 왜 이 먼 동네로 왔어요.

우람 아... 저 실은 큰 누나가 세놓은 방이 있는데...

현지 우람씨야말로 얹혀사는구나?

우람   네. 뭐.

현지   꽁으로?

우람   아... 꼭 그런 건 아니지만... 그렇습니다. 죄송합니다.

현지   (웃으며)

       왜 나한테 죄송해요.

       그 쪽 누님한테 죄송해야지.

       ...

       아니다. 마셔요.

둘의 밤을 수 놓는 밤의 재즈.

우람, 릴렉스해짐과 동시에 심장이 콩닥거린다.

현지   부러워요. 그런 재능.

우람   (여전히 묵묵부답)

현지   대한민국 1% 잖아. 1% 맞나? 장사면... 0.1% 인가?

우람   (머쓱)

현지 쪽을 바라본다.

현지, 야경에 집중하고 있다.

현지 (깊은 숨)

    난... 가진 게 없는 것 같거든요...

꽤나 긴 시간의 밤공기가 두 사람 사이를 흐른다.

우람 저...기...

이때 울리는 우람의 휴대폰.

우람. 폰의 문자를 본다.

본의 아니게 우람의 폰 화면을 보게 된 현지.

우람, 고민에 빠진 표정.

현지 ... 괜찮아요?

우람 아... 네에.

현지 진짜 (괜찮아요) ?

우람   아... 아뇨...

　　　잘 모르겠-

현지   -가요.

우람   네??

현지   같이 가요. (찡긋)

그런 현지를 보는 우람.

48. 고속버스 / 새벽

나란히 고속버스에 탑승해 있는 두 사람.

고속버스, 새벽길을 달린다.

현지, 잠들어 고개를 이쪽저쪽으로 왔다갔다한다.

우람, 현지의 머리를 잠시 잡은 후 본인의 후드 집업을 벗는다.

동작이 상당히 어렵다.

그럼에도 잘 벗어서 후드 집업을 접어 현지의 목 뒤에 고정시켜준다.

현지, 훨씬 편안해 보인다.

생각이 많은 우람, 잠이 오지 않는다.

49. 영암여객터미널 / 동 트기 직전 아침

여객 터미널 앞.

눈을 비비며 서 있는 두 사람.

50. 영암 앞바다 / 동 트는 아침

아침 해가 떠오르는 영암 앞바다.

갈치낚싯배들이 바다 위에 떠 있다.

백사장을 걷는 두 사람.

아무 말 없이 나란히 바다를 보고 있다.

먼저 입을 떼는 현지.

현지   좋네요.

우람   좋죠.

현지   우람씨, 좋은 동네에 있었구나.

우람   …

현지   고마워요.

우람   네?

현지   고마워요.

우람   아니… 제가 고맙…

현지   (크게 숨을 들이마신다)
          (웃으며 우람에게 고개를 돌린다)
          …
          이렇게 숨 쉬어본 지 오래된 것 같아서.

우람   네.

현지   그... 근데 티셔츠 그거 밖에 없어요?

우람   아... 내...냄새 나나요?

우람, 옷을 코에 당겨 냄새를 맡아본다.

우람   어... 어제... 고... 곱창전골을...

51. 훈련장 앞 / 이른 아침

훈련장.
빗방울이 조금씩 떨어지기 시작한다.

현지   다녀와요. 밖에서 기다릴게요.

우람   (손을 끌어당기며) 들어오세요. 비 맞아요.

문을 열고 들어서자 훈련장 내부가 보인다.

땀 냄새가 배어있는 웨이트 기구들.

현지, 처음 보는 공간의 냄새를 들이마셔 본다.

우람　　잠깐만 계세요.

우람이 락커로 들어간다.

현지, 문 앞에 우승 사진들을 본다. 매년 장사에 등극하는 선수들의 늠름한 사진.

그 중 우람과 故 이성민 장사. 둘의 다정한 사진이 보인다.

현지, 안으로 들어가 문이 살짝 열려있는 회의실의 손잡이를 잡고 밀어 본다.

꽤 넓은 방.

손을 더듬어 벽에 붙은 스위치를 올린다.

불이 들어오자...

방안 가득 채워져 있는 트로피들.

장관이다. 힘 넘치는 황소의 기운이 느껴지는 트로피들.

멋지다.

우람, 티셔츠를 갈아입었다.

우람　　어... 여기...

현지   (자르며) 이따 맛있는 거 사주신다구요?

우람   (웃음) 네. 그럼요. 맛난 거 사드릴게요.

            우리 얼른 나가요. (선수들 오기 전에...)

우람, 불을 끄고 현지를 인도하는데,

지현   우리 막내!

우람, 현지 놀라서 돌아보면

지현이다. 뭘 그리 바리바리 사왔는지 신세계 백화점 쇼핑백이 양
손 가득이다. 옆에는 그때 본 그 남자... 진수가 아니고 다른 놈(?)
으로 바뀌었다. 얼굴은 진수보다 더 잘생겼는데, 잔뜩 긴장한 꼴은
엇비슷하다.

지현   어. 어. 인사해.

우람   (하루이틀 일이 아니라는 듯)

            어, 누나.

            안녕하세요.

남자(이하 병수) 아. 네 말씀 많이 들었습니다. 태백! 장사! (오바)

우람   (자르며) 아, 예.

           (지현에게) 49재 내일 아니야?

지현   (현지 방향을 가리키며) 일행 아니야?

우람 / 현지 응?? / 네??

지현   일행인데?

우람 / 현지 응?? / 네??

지현   (현지를 쓱 훑더니) 역시 내 동생이네.

우람 / 현지 그런 거 아니야(요)!!

우람   누난 오늘 왜.

지현   고감독 좀 보러 미리 왔지.
           병원으로 간댔더니 굳이 오라네.
           누워있는 거 보여주기 싫은 거지..

우람   (급!!) 이리 온다고?

지금 ??!!!???

우람, 현지 팔목을 잡고 황급히 나가려는데...

기호가 고감독을 데리고 들어온다.

기호 어! 누님, 오셨어요?

람이 같이 왔어? (이 상황 뭐지?)

지현 기호 오랜만이다?

(고감독에게 혀를 차며) 이거 봐 이거 봐...

고감독, 굳은 인상.

고감독 왔냐.

우람을 본다.

우람 안녕하셨어요.

고감독 ...

고감독, 뒤에 있는 지현의 남자와 현지를 본다.

지현, 자리 피하자는 눈짓.

지현   아직 모닝커피 안 했지...들?

지현, 병수와 현지를 데리고 빠지면,
기호, 우람에게

기호   얼굴은 또 왜 이래.

우람, 고개를 돌리면,

기호   ... 너 혼자만 성민이 보낸 거 아니다.

대답 없는 우람.

52. 훈련장 內 체력단련장 / 아침

두 개의 벤치프레스 체어에 나눠 앉은 고감독과 우람.

고감독   서울에선 뭐해.

우람　　그냥... 뭐.

고감독　...

우람　　... 괜찮아지신대요? 병원에선?

고감독　뭐...

우람　　...

고감독　미안하다.

두 남자 사이에 시간이 흐른다.

창으로 바람이 불어 들어온다.

하늘에서 작은 물방울이 떨어지는 것 같다.

우람이 조심스럽게 입을 연다.

우람　　...

　　　　　감독님은 그때... 왜 가만히 계셨어요?

고감독　...

우람   할 말 없으시죠?

고감독   ...

우람   (감정이 고조되며) 네?
　　　　할 말 없으시죠?

고감독   ...

우람   네! 네???
　　　　왜 아무 말도 못하고 계세요!!!

우람, 고감독 면전에 얼굴을 들이대고 소리친다.
고감독, 화가 끓어오른다.

커피를 사오던 지현, 고함소리에 놀라 둘이 있는 곳을 바라보는데.
기호, 조용히 손을 들어 (두 남자에게 시간을 주자는) 묵직한 눈짓.

떨어지기 시작한 빗방울에 일행들, 회의실로 다시 입실.

고감독   (참다못해)
　　　　나도 성민이가 그 정도일 줄은 몰랐어!

내가 장사 타이틀 몇 개에 목숨 걸고 그런 줄 알아!
어!!!??

두 호랑이, 격한 감정이 몸으로 끓어오른다.

우람   진작에 그만두게 하셨어야죠!

가만히 듣고 앉아 있던 고감독, 육중한 몸을 일으켜 세운다.

고감독   그래서... 그래서 은퇴했잖아!!!
은퇴시켰잖아!
천하장사 한 번 하겠다는 놈, 내가 끌어내렸잖아!
내가!! 내가! 나도 한 번 한 적 없는 천하장사!
그거 못하게 하고 은퇴시켰잖아!
그것도 내 손으로!

다시 한참을 말없이 있는 두 남자.
고감독의 눈시울이 뜨겁다.

둘을 감싸는 정적.
빗소리만이 공기를 채우고 있다.

우람, 벽면에 사진을 본다.

고감독, 성민, 우람. 그리고 단원들이 함께한 사진이다.

우람　　　보...이세요?

고감독, 눈물이 터지려 한다.

고감독　　　...

　　　　　미.안.하.다.

　　　　　내가 진짜 미안하다.

　　　　　내가 잘못했다.

　　　　　내가 잘못했다.

어느새 눈물이 그렁그렁해진 우람.

바닥에 주저앉고 만다.

우람　　　...

　　　　　아닙니다....

　　　　　감독님 아닙니다....

　　　　　감독님 잘못 없습니다.

　　　　　제가 죄송합니다....

　　　　　정말 죄송합니다....

고감독, 구석으로 가서 조그마한 상자를 꺼내온다.

성민이 어렸을 때 쓰던 낡은 악력기다.

양쪽 손잡이에 칭칭 감겨진 때묻은 붕대.

왼쪽에 이성민, 오른쪽에 강우람. 이라고 적혀 있다.

고감독, 거친 피부의 손을 뻗어 덩치답지 않게 곱고 하얀 우람의 손을 잡는다.

고감독　성민이 보러 가자.

우람　…

고감독　그리고 이거 가져가.

우람, 보다가… 그 큰 등을 웅크리고 바닥에 꿇어앉아 흐느낀다.

다시 굵어지는 빗방울.

창 밖으로 다시 한번 세차게 내리는 빗소리.

천둥번개가 친다.

53. 훈련장 앞 / 오후

현지, 휴대폰으로 밴드모임 창에 들어간다.

스터디 최종모집. 파이널반.

방장 최세영.

날짜를 보면, 모집기간이 지났다.

우람이 문을 열고 걸어 나온다.

우람　　(이 와중에 울지 않은 척) 많이 기다리셨죠.

현지　　(짜식...) 아니에요~

우람　　배고프시겠...

카랑카랑한 지현의 소리.

지현　　영암 내려왔으면 아구찜 먹고 가셔야지?

　　　　　... 존함이?

현지　　아, 네.

　　　　　이현지. 입니다.

지현   (우람에게) 가자.

우람, 현지 눈치를 보면

현지   가요. 배고프네요.

54. 목포 해물탕 / 오후

주차장에서 비를 맞고 뛰어 들어와 앉은 지현,
병수, 우람, 현지.
덜덜덜덜. 춥고 어색하기 짝이 없는 네 사람.

지현
현지 씨, 아구찜 먹어봤어요?

현지
네. 먹어봤습니다~

지현
서울에서?

현지
네.

지현
그거 뭐 콩나물무침이지.
여긴... 살부터가 달라.

현지
앗. 기대돼요. (영혼의 리액션)

지현
리액션 좋은데? 무슨 일 해요?

현지
아... 저...

우람
앵커 될 거야. 이 분.

가만있던 병수, 눈이 커지며

병수
아... 어쩐지 미모가...

하다가 지현의 눈치를 보고.

병수
(지현에게) 말씀... 이어가시지요.

지현
멋지다. 나도 그런 꿈 갖고 싶었는데.

현지
언니... 도 멋지신데요.

지현
언니? 풉!

현지, 잠시 쫄자.

지현
그럼, 언니가 한잔 따라줘야지.
현지 술은 지현이.
어머, 현지 씨 시계?

보면, 카시오 기본형 손목시계.
같은 모델인데 지현은 금색, 현지는 은색.

지현   이모~!

지현을 째려보는 우람.

아, 너무 진도를 빨리 뺐나 하는 표정으로 우람을 보면서

지현   (입모양으로 우람에게 나 너무 오바해?)

우람   아냐... 줘... 잘해... 이 분. 술. 누구랑 비슷해. 아주.

지현   좀... 해요?

현지   네, 쪼끔~.

cut to

지현   자자 오늘 딱 봤더니 매너도 좋고, 마음이 너~ 예쁠 거 같
            은데 더 예쁜!
            이현지양을! 사랑합시다!!

현지, 살짝 좋아한다.

cut to

모두   사랑합시다!!

목 넘김이 시작되면,

지현, 안 마시고 감시하다가

지현   자자. 사랑하는 만큼 마시는 거야. 응?

(-우람에게)

넌 너무 사랑...

우람   (뻔뻔. 입모양으로) 뭐어~

지현   (말 줄이며) 아니다. 좋을 때다.

모두가 원샷하는 아름다운 광경.

고대하던 아구찜이 나온다.

탄성을 지른다.

cut to

살이 실한 아구찜의 익스트림 클로즈업.

남김없이 잘 먹는 네 사람. 특히 현지.

술병이 쌓여간다.

병수   (경상도)

저는... 그 누구지?

문희정. 문희정 앵커 멋있던데.

지현의 눈치를 살짝 보다가.

현지   (경상도) 멋있죠.

병수   (자신감 갖고) 어! 대구?!!

현지   (경상도) 아부지가 대구 동성로요~ 아저씨는요~?

병수   (아저씨????)

내 거제 아입니꺼~ 바다 사나이~

(웃음 후 갑자기 다시 표준어) 현지 씨도 저렇게 멋지게 될

거예요.

목소리가 아주~

지현   그럼, 올해 시험 보는 거예요?

현지   네. 네.

작년부터 보기 시작했는데 아직 된 데가...

지현, 현지의 얼굴을 쓰윽 본다.

능숙한 스냅으로 소맥을 흔들어 마시며...

지현　　어디보자.... .... (갑자기) 된다!!

현지　　네?

지현　　된다!!

현지　　???

지현　　내가 상을 좀 보는데 말이지. (본인 얼굴에 손짓을 하며)
　　　　　(현지 얼굴을 쭉 보다가) 음... 된다. 된다 돼.

병수　　확실합니까, 강차장님?

지현　　제 말 못 믿어요?

병수　　믿죠! 믿죠! 대한민국 제약영업 1원데. 믿어야죠!

우람, 괜시리 좋다.

한잔들 하고.

지현　　(우람을 가리키며) 얘도 될 상인데... 현지 씨는 어떻게
　　　　생각해요.

현지　　(우람을 빤히 바라보며) 잘할 거예요.

병수, 뭐 이리 진지해? 하며 뻘쭘함을 참지 못하고.

병수　　자, 잔들 앞으로~

현지, 우람을 다시 보는데
출입문을 열고 들어오는 사람들.
우람의 형제들이다.
큰 형, 작은 형, 작은 누나.

큰 형　　이 자식 연락도 안하고.

작은 누나 오빠가 용돈을 안주자네.

작은 형　　왔어?

지현　　(흐뭇) 니네 밥 먹어야지.
　　　　(다시 현지를 보며) 현지 씨는... 오늘 가요?

현지   네?

지현   (시계를 보더니) 늦었네. (동생들 쪽을 보며) 쟤네 게스트
룸 있어요. 나랑 하나씩 나눠 써요. 콜?

현지   네, 감사합니다.

갑자기 커진 판.
형 누나들이 한 대씩 쥐어박는데 우람, 영락없는 막내다.

그런 가족들을 바라보는 현지.
그런 현지를 바라보는 우람.

55. 해변길 / 저녁

비가 그쳤다.
해변 길을 걷는 현지와 우람.
한 편에 아이와 강아지가 뛰어 놀고 있다.
그 모습을 한참 보는 둘.
각박한 서울과 달리 너무도 행복해 보이는 영암의 노을.

우람   고맙습니다.

현지   뭐가요?

우람   ... 다요.

현지   고마울 거 없어요.

간만에 ... 좋았어요.

우람 씨... 사랑이 가득한 집에서 자랐구나?

우람   근데 누나는...

현지   ???

우람   아니에요...

현지   가족 없냐구요?

우람
아...

현지
엄마는 하늘나라에? (하늘을 살짝 올려다보다)
아빠는... 베트남에 계세요.

우람
아...

현지
우람 씨는 좋겠다. 형제들도 많고.

우람
네... 그렇네요.

현지
그럼... 하나만 이야기해도 되요?

우람
네...네. 말씀하세요.

현지
스트레스 받지 마요.
하고 싶지 않으면... 하지 마요.

우람
?

현지
남 얘기가 뭐 중요한가.

우람
...

현지
아니다. 내 앞가림도 잘 못하는데 괜한 소릴...

우람
... 말씀 감사합니다.

현지
(새끼손가락을 내밀며) 그럼... 약속.

우람
(쭈뼛거리다 손가락을 내민다) 네.. 약.속.

현지
하고 싶은 대로 하기.

우람
누나...두요.

현지
(웃으며) 그래요. 꼭 그럴게요.

그렇게 둘이 다시 바다를 바라본다.
우람, 잠시 고개를 돌려보면 뒤로 보이는 훈련
장 간판.

어느새 저녁 노을이 지려한다.
바다 위를 수놓는 바알간 해.

두 사람의 모습을 멀리서 비추는 카메라.

56. 영암 월출산 도갑사 / 아침

성민의 49재를 지내는 도갑사의 아침.

처마의 풍경에서 어제 내린 빗물이 떨어진다.

비 갠 다음 날이라 더없이 청명한 하늘.

우람, 현지, 지현, 기호와 그의 부축을 받아 올라오는 고감독.

그리고 민정과 현이.

스님의 진행에 따라 절차를 밟는다.

성민의 사진이 보이자 우람. 눈을 질끈 감는다.

우람, 절을 한다.

깊게. 그리고 오랫동안 일어나지 않는다.

성민과 마지막으로 긴 이야기를 나누는 것처럼 보인다.

한참 후에 일어선 그의 등 뒤로 손을 대주는 현지.

그때... 상욱이 들어온다.

고감독, 상욱과 눈이 마주치면 상욱, 구십도로 인사를 한다.

상욱, 유가족에게도 고개를 숙여 인사를 하고 절을 올린다.

절을 마치고 나온 상욱, 우람과 마주친다.

상욱   너무 오래 쉬고 있다 너?

몰래 옅은 미소를 띄는 우람.

57. 주차장 / 점심

지현의 차 앞에 스탠바이 하고 있는 병수.

병수   (키를 건네주며) 시원하게 얼려놨습니다.

지현   (웃음) 고맙습니다~

병수   운전, 제가 할까요?

지현   (나 그런 사람 아니...) 에이...

병수   (손짓) 지금 불면... (음주) 나오실 텐데-

지현   (다시 키를 주며)

그럼, (오늘 하루만) 부탁 좀 드릴까요?

(현지 쪽으로 고개를 돌리며) 현지 씨도 보광동이라고 했지?

현지　네. 언니.

지현　우람이랑 같이 내려주면 되겠네.

우람아 짐 챙겼-

우람　(듣지 않고) 기호 형!

우람, 기호에게 가서 무언가를 이야기한다.

고감독 먼발치서 바라본다.

우람, 다시 차 쪽으로 돌아와서 현지를 본다.

우람　저...

현지　잘했어요.

우람　네...

현지   우리 각자. 약속 지키기에요?

우람   네...

눈치 빠른 지현.

지현   (웃으며) 아, 우린 현지 씨랑 올라가다 생태탕 먹으러 가야
          겠다.

현지   그러시죠. 지.현.언.니. (찡긋)

그제서야 웃는 우람.
지현의 차가 출발하고 선수들과 함께 서 있는 우람.
어느덧 다시 영암씨름단의 일원으로 돌아와 있다.

58. 지현 차 / 오후

창밖을 바라보는 현지의 얼굴.
좋은 일을 했다는 표정.
문자를 보낸다.

현지(문자/V.O) 아빠.

오늘도 파.이.팅.

1초나 지났을까. 바로 걸려오는 페이스톡.
민망한 현지.

지현　　　　(백미러로 뒤를 보며) 받아요, 받아.

현지　　　　아, 네... 아빠. 간단히. 지금 차 안이라...

아빠(페이스톡) (엄청 시끄럽다) 현지야! 무슨 일 있니?

현지　　　　네. 아니에요. 일 쉬엄쉬엄 하시라구요.

무릎....조심...하고. 전 이만.

아빠(페이스톡) 현지야-? 이거 왜 이러지? 잘못 누른 거 아니야?

뚝!!! 끊는 현지.
다시 백미러로 그런 현지를 보는 지현의 미소.
지현에게 눈인사를 하는 현지.

창밖을 바라보는 현지.

목포대교를 관통하는 바다 빛이 유난히 푸르다.

바다를 비추는 해가 길게 멀고 떨어지고 있다.

현지, 그런 바다를 보며 생각에 잠긴다.

시간이 얼마나 흘렀을까.

현지, 문자를 쓴다.

현지(문자/V.O) 스터디. 아직 자리 있어?

세영, 톡을 읽지 않는다.

잠시 후...

세영(문자/V.O) 있겠니. 막판 스퍼트인데.

현지(문자/V.O) 으응.... (이라고 타이핑 하고 있는데)

현지의 얼굴.

대한민국 씨름의 성지, 영암을 빠져나가는 지현의 차, 부감으로 보인다.

59. 현지 스터디 몽타쥬

이른 아침, 스터디실로 들어가는 현지.
(빠른 템포의 음악과 함께 어제의 문자 상황, 음성으로 얹힌다)

세영(V.O) 근데...

　　　　　　이현지 자리는 있지.

스터디룸 문을 열자 그녀에게 인사하는 팀원들.

동석　　　들어오시죠..! (이쪽으로)

홍석　　　(동시에/머리위로 하트모양) 환영합니다!

연지　　　어서오세요. 언.니.

시크한 미소의 세영.

세영(V.O) 매일 아침 7시다. 늦음 바로 아웃이야.

뜨거운 스터디의 열기.
조간신문에서 주제를 찾아 토론을 한다.

종이 뽑기로 고른 무작위 키워드로 작문 실습을 한다.

서로의 글을 읽고 리뷰하는 시간을 갖는다.

DSLR을 놓고 서로를 찍고 모니터 한다.

세영, 독보적으로 잘 하고.

현지, 누구보다 열정적이다.

60. 우람 훈련 몽타쥬

새벽 아침.

제일 먼저 나온 고감독이 훈련장 문을 여는데,

잠금장치가 열려있다.

어떻게 된 거지? 안을 들여다보면,

훈련복장을 갖추고 있는 우람.

고감독에게서 받았던 성민의 악력기에 새 붕대를 감고 있다.

우람, 재활을 시작한다.

그를 돕는 씨름단 동료들.

기호의 진행에 따라 훈련에 열중하는 동료들.

고감독, 불편한 몸을 이끌고 나와 있다. 넉넉해진 미소.

61. 노스트레스버거 / 밤

늦은 밤을 향해가는 노스트레스버거. 손님 두 테이블.

프론트에 서서 노트북으로 자기소개서를 작성하는 현지.

한 땀 한 땀 눌러 타이핑한 정성스런 에세이.

62. 훈련장 / 밤

칠흑같이 어두운 밤. 그리고 빛나는 별들.

개인훈련에 몰두하는 우람.

아직도 허리 통증이 심하다.

'하악하악' 숨을 내쉬며 힘들어 하는 우람.

훈련장에 들렀다가 그런 우람을 보고 조용히 차로 가는 기호.

잠시 후 훈련장을 떠나는 차량.

우람, 차 소리에 출입구 쪽으로 나와 보면 덩그러니 놓여있는 근육

통 파스 세트.

63. 채널 M 복도 / 오전

3차 면접. 대기실의 현지.

지원자들로 붐빈다.

현지, 잔뜩 긴장한 채로 스튜디오에 들어선다.

인자한 미소와 매서운 눈빛이 공존하는 얼굴의 윤희영 회장(女, 58).

멋들어진 그레이 슈트. 꼿꼿한 자세. 범접할 수 없는 아우라.

그를 둘러싼 임원진들. 수행비서.

그 중 채널 M 간판 최구철(56) 부사장이 보인다.

노타이 다크 그레이 슈트.

반곱슬 은발에 은백색 턱수염.

뒤로 십여 명의 실무진과 아나운서들이 뒤따른다.

단아하면서도 강단 있어 보이는 인상의 선지영(39).

윤희영　총 몇 명이나 올라와 있지?

최구철, 선지영 쪽을 슬쩍 보면

선지영, 손가락과 입모양으로 '여덟이요' 하는 제스처.

최구철　남녀 구분 없이 총 8명입니다.

윤희영　... 가 봅시다.

복도를 지나가는데.

최구철, 현지를 보고 잠시 멈춰 선다.
나지막히 소리 내어.

최구철　현지. 오랜만이네. 파이팅.

현지　　네. 안녕하세요. 아저... (아니) 선배님. 감사합니다.

최구철　우리 딸은 딴 데 넣었던데? 우리 회사가 그렇게 별론가?
　　　　　하긴... 부녀간에... 불편해. 그치? (찡긋)

옆에 있던 선지영, '얘는 누구?' 하는 표정을 보이자,

현지　　안녕하십니까, 선지영 선배님!!

선지영　(당황) 선배요?

현지　　네! 선배님!

선지영   (웃어주며) 네, 꼭 합격해서 봐요.

64. 훈련장 / 오후

훈련에 매진하고 있는 우람과 선수들.

기호가 들어온다.

기호   대회 세부일정 나왔고, 출전 명단 이번 주까지 넘길 거야.

　　　　게시판에 올려놓을테니 물어보고,

　　　　공지는 정만이 통해서 할게.

우람의 긴장한 눈빛.

65. 아카데미 대기실 / 오전

앞서 진행된 것과 동일한 아카데미 모의 테스트.

안내 모니터에 '파이널 점검'이라고 적혀 있다.

지원자들이 대기실을 채우고 있다.

수진   채널 M 3차 결과, 내일 난대.

        근데 오늘 또 최인훈이야?

나정   (심호흡) 자, 그럴 시간에 심호흡.

현지, 세영이 하는 모습을 본다.

66. 아카데미 스튜디오 / 오전

김일두. 이지인. 유독 멋들어진 슈트와 타이의 최인훈.

최인훈   아직 아카데미 다니면 어떡해?

        (장난기) 최선배한테 얘기 좀–

세영   –제 힘으로 할 수 있습니다!

최인훈   그래, 내가 볼 때는 아버지보다 훨씬 나아.

        가 봅시다.

최인훈의 인트로에 이은 세영의 리딩.

잘한다.

cut to

차례가 되어 들어오는 현지.

안경 사이로 그녀를 힐끗 보는 최인훈.

최인훈   기대가 큽니다.

67. 합숙 식당 / 아침

아직 푸르른 하늘빛.

아침식사에 여념 없는 선수들.

기호가 들어온다.

기호   최종 출전명단 나왔다.

선수들 식사를 하다 고개를 들어보면,

기호   먹으면서 들어.

백두급. 윤성민 장성우

한라급. 박병훈 최성환 오창록

금강급. 최정만 이민호 박정민 강우람

우람의 의미심장한 눈.

기호   김현수 박권익 장영진 ...

68. 필기시험장 / 오전

필기시험 건물.

날씨가 제법 쌀쌀해졌는지 코트를 입은 지원자들이 보인다.

복도를 걸어가는 현지.

제1고사실.

맨 앞자리에 앉은 세영이 보인다.

눈을 감고 호흡을 가다듬고 있는 그녀.

현지, 제1고사실을 지나 제2고사실이라고 쓰인 교실을 향해 간다.

cut to
시험지를 받아들고 열심히 문제를 풀어나가
는 현지.

cut to
작문시험
주제 : '시작' 이라고 쓰여 있다.

[플래시백]
이태원에서의 생활.
아침 백반집.
주원네 집.
컵밥집.
노스트레스버거에서의 수많은 철야.
버거를 먹는 우람.
우람과 거닐었던 영암 앞 바다.
최인훈 모의 테스트.
선지영.
문희정.
49재에서 보았던 우람의 얼굴.
영암에 남기로 한 우람.

머릿속에 스쳐 지나가는 그림들이 빠져나가
면, 손을 풀고 글을 적어 나가기 시작한다.

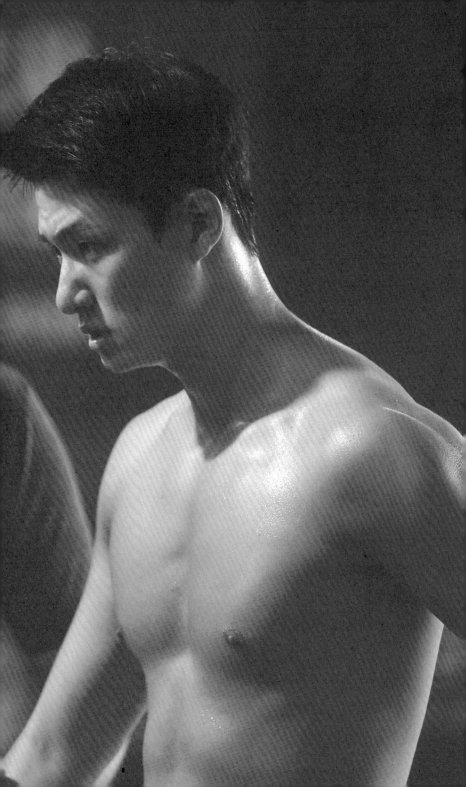

69. 씨름 경기장 / 오전

자막 : 예선 1차전

경기장으로 올라오는 우람.

그리고 상대편에 검게 잘 그은 근육질의 선수, 이훈정(23)이 오른다.

심판의 지시에 따라 마주보고 앉는 두 남자.

샅바를 잡는다.

오랜만이라 힘이 잘 들어가지 않는 것 같은 우람.

이훈정, 어깨를 강하게 낮춰 우람의 몸을 파고 든다.

우람, 왼쪽 어깨에 힘을 줘 보지만 버티기가 쉽지 않다.

심판, 소리친다.

심판   일어서! 자, 팔 피고!

휘슬!

이훈정, 안다리 기술을 써서 들어오는데 우람, 걸려든다.

강하게 압박해 우람의 몸을 들어 뒤집는다.

우람, 바로 엉덩방아를 찧는다.

cut to

땀을 닦아주는 기호.

그리고 우람의 눈높이에 맞춰 앉는 고감독.

고감독 안다리 내주지 말고 상체를 움직여.

우람 쉐끼, 끄떡도 안하는데요-

고감독 -일어나자마자 들어가.

cut to

고감독 말대로 안다리 기술부터 들어오는 이훈정.

우람, 이를 악물고 버텨낸다.

이훈정, 안다리 기술이 안 먹히자 들배지기를 시도한다.

우람, 상체를 옆으로 움직인다.

이훈정의 공격이 먹히지 않자, 바로 반동해 훈정을 들어버리는

우람!

그대로 바닥에 꽂아버린다!!!

우람의 복귀전 첫 승리다!

cut to

다시 마주 앉은 두 사람.

이훈정, 이전보다 무서운 눈빛.

살바를 잡는데 우람의 손이 닿을 수가 없다.

다리를 벌리고 본인의 손을 가장 깊숙하게 넣은 훈정.

보통 훈련이 된 수준이 아니다.

우람, 살바를 잡으려하는데 손끝이 닿지 않는다.

고감독, 강하게 소리를 지른다.

고감독 지금, 뭐하는 거야!!!

심판, 돌아보며 주의를 준다.

기호, 만류하는데,

고감독 주의 받을 사람이 나야 지금?!!!

심판, 다시 돌아보며 고감독에게 들어갈 것을 요구한다.

구단주, 들어오라는 표정.

고감독 (흥분이 가라앉지 않은 채로 들어오며) 아니 그게 아니
라...

구단주 (도닥이며) 캄 다운... 캄 다운...

돌아와 이훈정과 우람을 떼어 놓는다.

이훈정에게 주의를 준다.

다시 앉은 둘.

샅바를 잡는다.

이번에도 어깨 싸움은 여전하다.

간신히 자세를 잡고 일어나는 둘.

심판   자. 팔, 피고!

휘슬!

우람, 엎어치기를 시도한다!

이훈정 버티는데, 우람 온 힘을 쏟아 다시 반대 방향으로 중력을 기울인다.

아...아...아...

이훈정, 우람이 밀어붙인 방향으로 쓰러지고 만다.

이겼다!!!

환호하는 스태프.

기호와 고감독, 구단주.

그리도 동료들.

우람, 이훈정을 일으켜 세우고 어깨를 두드려준다.

관중석을 본다.

70. 채널 M 스튜디오 / 오전

최종 면접. 이라고 쓰인 시험장.

여느 때와 같이 지원자들로 북적거린다.

바짝 긴장한 표정의 현지.

'아침 챙겨 드세요' '우리 딸도~' 페이스 메신저를 주고받는다.

문득 아빠의 카톡 프로필 사진을 본다.

한참 된 사진인 듯. 아빠와 엄마 그리고 현지. 환하게 웃고 있는 프로필 사진.

현지, 사진을 지그시 만져본다.

수진, 나정이 들어온다.

폰 화면을 끈다.

이 때 들어오는 선지영.

대체로 인사를 하는 지원자들.

선지영   (현지를 보며) 아, 그 분이네? 제가... 선배가 될 수 있을까요?

현지, 차분하게.

현지   다른 데 뽑히지 않으면, 무조건 오겠습니다.

선지영   (당황) 멋진데?

cut to

순서에 따라 들어가는 지원자들.

현지, 호명에 따라 스튜디오로 들어간다.

심사위원 다섯 명이 현지를 보고 있다.

식은땀이 흐른다.

심사위원 대표 원고 받으셨죠.

　　　　　　　준비되면 바로 시작하시죠.

현지, 잠시 멈칫한다.

'뭐해?' 하는 심사위원들. 대표를 쳐다보면, 기다려주자는 표정.

현지, 호흡을 가다듬고 마이크 앞에 입을 대어 본다.

현지   (원고를 보다)

많은 준비를 해왔습니다. 그간 고민해 온 것은 읽기보다 말하려 해야 한다는 것입니다.

말한다는 것은...

제가 무엇을 하고 싶은지, 무엇을 할 수 있는지, 무엇을 하고 있는지. 아는 것이었습니다.

당혹감을 멈추지 않는 심사위원들.

현지   그리고 이제 할 수 있을 것 같습니다.

아니, 할 수 있습니다.

네...

그럼 이제 고민을 마치고 제 게임을 시작해보도록 하겠습니다.

선지영, '정말 독특한 친구구나'하는 눈빛으로 그녀를 본다.

현지에게 큐 사인이 가면,

현지   오늘 우리는.

우리가 그간 잊고 있었던 기자의 사명, 아니 소명에 대해 이야기 하고자 합니다.

기자의 사전적 정의는 신문, 잡지, 방송 따위에 실을 기사를 취재하여 쓰거나 편집하는 사람이라고 되어 있습니다.
그리고 소.명.이란 (소리 잦아들며) 종교적 측면에서... 사
람이 절대자의 일을 하도록 그의 부르심을 받는 일을 흔히
....

71. TV 중계 / 낮

[트랙스 안]

TV 중계를 보려고 모여 있는 남자들.
풀 메이크업이지만, 유독 남자다워 보이는 옷매무새의 성환, 일우.
그리고 세준과 백사장.

경기 볼 준비를 하며 아웅다웅하는 수컷들.

일우   그니까 원래 우람이가 태백이야?

성환   말했잖아. 다이어트 실패하면 바로 그 위라고.

일우   (혼자 심각) 그 위가 뭔데.

성환　태백이니까... 횡성?

뒤통수를 갈기는 백사장.

백사장　마실 것 좀 꺼내 와라.
　　　　관람 세팅이 안 되어 있네.

세준　(당차게) 일우 형!
　　　(소심하게) 난... 콜라...

일우의 윙크.
세준, 쑥스러워 고개를 돌린다.
'지금 나에게 발생한 이 질투심 뭐지?' 하는 성환의 표정.

[홍탁집]

지현과 다홍이 TV 중계를 보고 있다.
이때 형광등 백만 개를 켜놓은 듯한 아우라를 뿜고 들어오는 절세
미남.
진짜 잘 생겼다.

다홍　어머머...

정중하게 인사하는 절세미남.

절세미남 안녕하세요.

목소리까지 잘생겼다.

지현　　오셨어요?

마음에 쏙 드는 다홍.
어쩔 줄 몰라 한다.
지현, 다홍에게 찡긋.

cut to

어느새 차려진 홍어 한 상.

지현　　어머. 홍어 못 드세요?
　　　　어쩌지? 전 드시는 줄 알고...

72. 경기장 / 낮

전광판에 뜬 두 선수의 이름.

권강민 vs 한상욱.

바로 그 한상욱이다.

먼저 등장하는 권강민.

만만치 않은 인상. 떡 벌어진 어깨. 다부진 얼굴.

(무관중 사운드 효과) 큰 응원소리가 이어진다.

이어 등장하는 선수.

한상욱.

최고 에이스의 풍모.

조각 같은 얼굴선. 균형 잡힌 몸매. 흐트러짐 없는 근육의 질서.

그리고 자비 없는 표정.

그를 '호위'하는 스텝들.

소강상태였던 카메라 셔터가 갑자기 터지기 시작한다.

과연 대한민국 대표 태백장사다.

cut to

권강민의 강력한 선제공격을 단번에 받아 되치는 한상욱.

한상욱의 다리기술을 끝내 버티지만 바로 주저 앉아버리는 권강민.

한상욱의 압승이다.

73. 경기장 / 오후

오후 경기 시작.

스포츠 담당 헤드들이 시간을 맞춰 속속 자리를 잡기 시작한다.

전광판.

강우람 vs 박정우.

[홍탁집]

벌써 꽤 쌓여있는 막걸리 주전자.

지현   (막걸리 잔 들고) 아, 목 탄다.

다홍   (몰입한 채로 (시선은 TV에) 짠 하며) 원샷.

절세미남 역시 경기에 집중한 채 막걸리 원샷.

[트랙스]

백사장, 땀이 나는지 셔츠를 풀어헤쳤다.

어느새 손을 꼭 잡고 집중하고 있는 일우와 세준.

심기가 불편한 성환.

[다시 경기장]

경기장에 먼저 들어온 우람.

우람, 맨발 점핑을 하며 긴장을 푼다.

이에 큰 호명과 함께 들어오는 박정우.

급이 다르다.

푸에르토 청년을 보는 듯.

잘 빠진 몸의 곡선. 타고난 구릿빛 피부의 텐션. 선명한 눈코입.

우람, 빤히 그를 본다.

박정우도 지지 않고 우람을 본다.

흙으로 올라온 두 선수.

마주 앉아 있다.

우람　한 수 배우겠습니다.

박정우　…

경기 휘슬이 울린다.

우람의 선제 기술이 들어가자 이내 흔들리는 박정우.

우람, 힘을 주어 밀어붙이는데 박정우, 다리를 들어 위기를 완벽하게 빠져나간다.

이어 다시 바깥쪽 다리를 걸어 박정우를 드는 우람, 들어 매치려하는데!!!

박정우, 이를 버텨내고 내려와 반대쪽으로 우람을 흔든다.

둘을 보고 있는 정만.

우람, 안간힘을 써서 버텨내고 땅을 착지해 다시 박정우의 왼쪽 다리를 거는데,

순간 몸을 반대로 틀어 완벽하게 중력을 바꿔 우람을 넘어뜨린다.

박정우의 승리다.

74. 고속도로 / 밤

영암으로 복귀하는 씨름단 버스.

우람, 창에 머리를 기댄 채 밖을 보고 있다.

'끼익... 끼익...'

악력기를 쥐었다 폈다 하는 우람의 손.

밤하늘의 별들.

75. 현지 집 / 밤

별을 비추던 카메라 틸다운해 내려오면,

노트북으로 새로운 모집공고를 보고 있는 현지.

밤하늘의 별을 보는데 유난히 춥다.

담요를 가지고 나와 다시 자리에 앉는다.

옆 의자, 우람이가 앉고 갔던 자리가 보인다.

76. 이태원 몽타쥬

겨울이 왔다.

차가운 공기에 사람들 입김이 드러나고,

인파들이 점점 두꺼운 옷을 입고 다닌다.

뜨거웠던 여름날의 골목길은 온데간데 없다.

노스트레스버거, 냉삼집, 트랙스...

77. 영암 몽타쥬

훈련에 매진하는 선수들.
옷이 두꺼워졌다.
건강이 좋아져 보이는 고감독, 기호에게 지시
사항을 전달한다.
묵묵히 훈련에 임하는 우람과 선수들.

우람, 현지를 생각한다.

78. WTV 사옥 밖 / 아침

이른 초겨울 아침.

전보다 짧게 자른 머리의 현지.

네이비 투피스에 캐시미어 코트를 입었다.

광화문 네거리를 걷는다.

ATV 사옥이 보인다.

대형 멀티화면으로 온에어 되는 아침방송.

"ATV 신인 아나운서입니다!"

멋지고 예쁜 여성 두 명과 우직해 보이는 남성 한 명, 모범생 타입의 남성 한 명.

그 중의 한 명, 세영이다.

어느덧 현직 아나운서의 아우라를 뽐내고 있는 그녀.

핏한 투피스가 워낙에 잘 어울리는 모습, 참 멋지다.

현지, 걸음을 멈추지는 않은 채 화면을 바라본다.

(그녀를 응원하는 듯 보이는) 열은 미소.

79. WTV 최종 면접장 / 아침

보도국 기자 최종면접 / 2층 스튜디오

바로 최종 면접이 시작됐다.
심사위원 8명과 지원자 1명의 구도.

현지다.

심사위원석의 최인훈과 문희정.

최인훈 멀리도 왔네요?

문희정 (최인훈을 가리키며) 알아요?

현지 아카데미에서 인사드린 적 있습니다.

문희정 나는?

현지 제가 결례를 한 적이-

문희정 기억 없는데?

[플래시백]

동문선배 특강 때의 문희정과 현지.

현지   그때 왜-

문희정   모두가 사표를 던질 때...

왜 비겁하게 안 나가고 남아 있었냐고?

버티려고.

버텨야 이거 시켜주지.

버티려고 그랬어요.

...

현지   ...

문희정   그게 후배들에게, 자라라는 청춘들에게 실망을 드렸다면

미안합니다.

미안. 합니다.

그리고 나 대신 사표를 던진 모든 선후배 동료분들에게도

미안합니다.

근데 그런 선택을 한 저도 결국 몇 년 뒤 사표를 낼 수 밖에

없었고.

...

(깊은 호흡)

한 선배가 있었어요.

존경하고, 좋아하고, 많이 따랐죠.

그 선배가 그러더라구요.

남는 건 네 선택이다.

...

똘망똘망한 눈과 떨리는 가슴으로 듣고 있는 현지

문희정   그 누가 한 사람의 선택에 대해 이래라 저래라 할 수 없는

거라고.

그 선배요?

이 바닥... 나가셨어요.

다시 한번 현지의 얼굴이 보이고.

문희정   음...

저는... 각자가 세상과 투쟁하는 방식이 있다고 봅니다.

누군가는 나가서 싸우고,

누군가...

저.는. 남아서 싸웠고.

저는 이기고 싶었습니다.

세상에 이기고 싶었습니다.

저한테 지고 싶지 않았습니다.

...

그리고 물 밖을 나갔다가 (손동작~) 여기로 와서.

(웃음) 먼저 선배처럼 사표 냈으면 폼은 났을 텐데?

이렇게 하고 있습니다.

다시 한번, 미안합니다.

이렇게 존버. 해서 보여드리고 싶었습니다.

...

그리고, 말이 아닌

저만의. 아니 우리들의 뉴스로 보여드릴게요.

...

답변이... 아니 변명이 좀 됐을까요?

현지　(듣고 싶은 대답을 들었다는 결연한 표정)
　　　네, 선배님.

[다시 현시점]

문희정　(시치미) 그래서... 오늘은 좀 준비가 됐어요?

현지의 야무진 입술에서.

80. 영암 훈련장 / 밤

심야의 영암 훈련장.
훈련장 밖으로 달빛이 스며 들어온다.
가을밤의 풀벌레 소리.

카메라, 훈련장 내부를 훑으면
고감독, 기호, 트레이너, 플레잉 코치의 모습.
진지한 표정.

복도쪽을 비추면 몇몇 취재진이 와 있다.
NTBC 취재팀 2명.
TVC 기자 1명.

그리고...
ATV 최세영과 카메라맨.
세영, 결연한 표정.
긴밀한 취재의 기운을 뿜어내고 있다.

TVC 기자가 고감독에게 인터뷰를 요청하려 한다.

TVC 기자 감독님.

오늘 두 선수의 익스클루시브 매치.

이 승부는 정말 초미의 관심사가 아닐 수 없는...

기호, 기자의 인터뷰를 막으려 하고

고감독, 인상을 찌푸리며

고감독 됐구요. 그냥 조용히... 보고 가세요.

카메라맨 앞에 선 세영.

이미 프로페셔널해진 그녀의 모습.

세영 오늘, 비공개, 아니 언택트 릴리즈로 진행되는 태백장사 한상욱.

그리고 그의 영원한 라이벌 강우람의 맞대결이 이 곳 영암 훈련장에서 펼쳐집니다. 코로나 19의 위협도 두 사나이의 패기를 꺾진 못하고 있습니다. 자, 지금 제 뒤로 보이는 바와 같이...

이어 덩치 좋은 남자들이 실내로 들어온다.

그 뒤로 보이는 남자. 한.상.욱.이다.

49재 때 그랬던 것처럼. 고감독에게 구십도로 인사를 한다.

고감독 끄덕인다.

더 이상 설명이 필요 없는 두 남자가 흙에 오른다.

서로의 샅바를 잡는다.

휘슬!

첫째 판!

- 예민한 샅바싸움

- 상욱의 안다리 선제공격

- 우람의 호미걸이 반격

- 치열한 엎치락뒤치락

- 우람의 배지기 승리

둘째 판!!

- 신경이 곤두선 어깨싸움

- 심판의 주의

- 돌려뿌려치기 시도

- 상욱의 방어

- 상욱의 앞다리차기 성공!

뒤늦게 경기장에 들어선 다크 그레이 코트의 여자, 현지.

추운 겨울, 뛰어왔는지 얼굴은 하얗고, 코끝은 빨갛다.

숨을 내쉬는 그녀.

그녀와 눈이 마주친 세영.

넓은 훈련장 양 끝에 마주선 두 사람.

서로를 마주보는 눈빛.

셋째 판!!!

– 상욱의 앞무릎치기 시도

– 우람의 발다리후리기 시도

– 상욱의 안다리걸기 시도

– 계속 되는 접전

– 상욱의 돌림배지기 시도

– 우람, 필살기인 스피드와 밸런스를 무기로 한 '뒤집기' 한 판으로...

– 최.종.승.리.다!!!

우람, 고개를 돌리면 현지가 보인다.

현지, 우람을 본다.

서로를 응시하는 두 청춘의 영롱한 눈에서.

81. 서울 / 영암 / 저녁

계절이 바뀌었다.

눈이 내린다.
차의 이동이 빠르게 보인다.
뉴스 방송이 보인다.

백사장과 성환, 일우는 여전히 함께하고 있다.
세준은 노스트레스버거에서 알바를 시작했다.

지현은 결국 (제일 처음) 홍어를 맛나게 먹던 진
수와 데이트중이다.
절세미남은 다홍네 가게에서 다홍을 돕고 있
다.

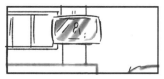

영암씨름단은 겨울을 맞아 고감독, 기호, 정만
이하 본격 회식중이다.
정말 잘 먹는다.

영암 앞바다의 야경은 여전히 아름답다.

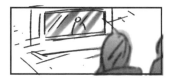

세영이 상욱을 인터뷰 하는 장면이 tv에 나온
다.
잘한다.

82. 냉삼집 / 저녁

함박눈이 내리는 겨울의 냉삼집.

사장님도 헤어스타일이 조금 단정해지셨다.

코트 어깨에 하얀 눈을 얹은 손님들이 삼삼오오 들어온다.

시끌벅적한 가게.

한 편에 틀어져 있는 TV.

화면 속 문희정 앵커. 헤어 스타일이 조금 변했지만 여전한 아우라.

문희정   네. 지금 이 시각에도 양측의 대립은 첨예합니다.

영하의 기온에도 불구하고 아직 해산을 하지 않았다고 하
는데요.

지금 시각이 8시 29분을 가리키고 있습니다.

현장에 나가있는 취재기자를 연결해보겠습니다.

함박눈이 소복이 머리 위에 쌓여 눈사람 같은 모습의 기자.

현지다.

강추위에 몸도 목소리도 떨리지만, 눈빛만은 또렷하다.

현지   네! 여기는 광화문 광장입니다.

현재 기온 영하 8도. 그러나 집회의 열기는 뜨겁습니다.

검찰개혁 좌초에 성난 시민들은 오늘 집에 들어갈 생각
이 없어 보입니다.

카메라, 조금 클로즈업해 들어가면
하얗게 얼어붙은 피부 때문에 더욱 도드라져 보이는 선홍빛 입술.
입김이 카메라로 계속 뿜어져 나온다.

그 어느 때 보다도 당당하고 멋진 모습이다.
그녀의 얼굴이 길게 클로즈업 되며.

83. 군 행정실 / 저녁

전투복에 눈을 한가득 맞고 내무실로 들어가는 근무조 사병 둘.
이들을 따라 들어가는 카메라.
도열해 앉아있는 사병들 한 가운데 카리스마 넘치는 분대장이 서
있다.

근무 사수 백~~골!!
　　　근무 마치고 복귀했습니다!

분대장   (경례를 (손이 아닌) 발로 받으며) 골백! 수고했다. 위치로.

근무조, 경례를 마치고 자리로 간다.

취침점호를 앞두고 있는 내무실 내부가 보인다.

벽에는 백골마크가 그려져 있다.

군기와 긴장감이 가득해 보이는 실내.

창밖으로는 폭설이 내린다.

병사들의 각이 제대로 잡혀 있다.

게 중 누워 있는 말년병장 하나.

허벅다리를 긁으며,

병장   야, 분대장.

오늘 소등하고 TV 봐도 되지?

분대장   오늘 말입니까?

음... 그럼, 김고은 나오는 드라마 보시지 말입니다.

병장   드라마? 나 오늘 심야토론 볼 건데?

분대장   심야토론 말입니까? 말년에 왜 이럽니까?

(조심스럽게) 똥칠합니까?

병장   야, 너도 시사상식 좀 키워서 사회 나갈 준비해야지.
　　　　맨날 드라마만 보지 말고.

분대장   아 진짜. 심야토론은...
　　　　아니, 근데... 취향, 아나운서 스타일로 바꿨습니까?

병장   아냐. 새끼...
　　　　야, 근데 아까 저녁 때 보니까 요샌 병아리들이 패티 두 개
　　　　씩 먹더라?

분대장   패티 말입니까? 누가 말입니까?

병장   아니다, 아니다. 먹는 것 가지고 그러는 건 아니다. 미안.

분대장   패티를... 그니까 한입에 두 개 말입니까?
　　　　... 근데 뭐 그 정도 가지고...

병장   아 그래...
　　　　근데 한입에 두 개씩, 그니까 버거를 두 개를... 아 됐다...

분대장   더블 패티를 더블로 말입니까? 그럼 더블 더블 패티 아닙
　　　　니까? 누가 말입니까?

병장　　　　　　아 몰랑. (깔깔이를 챙겨 입으며) 추워. 점호나 빨리 해.

분대장, 인상을 확 구기며 이등병들을 쭉 둘러보는데...
병사들 각을 잡고 일제히 TV 뉴스를 시청하고 있다.

2분할된 TV 화면으로 현장과 스튜디오가 함께 보인다.
앞서 나왔던 현장 보도에 이어.

현지(현장)　　　운집한 인원들은 자정을 넘는 시간까지 대열을 유지할 계획으로 보입니다.

문희정(스튜디오) 네. 그렇군요.

　　　　　　　　　이현지 기자도 오늘 퇴근 못하겠군요?

현지(현장)　　　네! 그렇습니다!

문희정(스튜디오) 근데.. 안 춥나요?

현지(현장)　　　네! 안 춥습니다!
　　　　　　　　　향후 진행상황도 빠짐없이 취재하도록 하겠습니다!

실은 엄청 추워 보인다.

현지 코끝은 아까보다 더 빨갛다.

내무실 제일 끝자리에 얼음처럼 단단한 자세를 유지하고 있는 이등병, 강우람. TV 방향으로 몸도 고개도 돌리지 못하는 와중에 곁눈질로 뉴스를 보고 있다.

문희정(V.O) 네. 그렇군요. 좋은 자세입니다.

(현지가 대견한 듯 찡긋)

다음 뉴스입니다. 친일 청산과 관련한 학계의 연구와 움직임은 2020년 현재에도 활발히 지속되고 있는데요... (소리 잦아들며)

우람 눈에 가득한 미소.

살며시 올라간 왼쪽 입꼬리.

분대장 잠깐... 거기 막내, 지금 웃음이 나옵니까!!!

우람 이병! 강!우!람! 아닙니다!

분대장 이 (새끼...) 웃는 거 같은데?

지금 웃음이 나옵니까!!!

우람   이병! 강!우!람! 아닙니다!!!!!!!

분대장 지금 웃음이 나옵니까아!!!!!

우람   아닙니다!!!!!!!!

우렁찬 샤우팅 만큼 만개한 그의 환한 미소에서.

fin.

인터뷰

백승환 감독 &
이상훈 음악감독
인터뷰

박현민 대중문화평론가

현실에 비현실을 끼얹는 백승환 감독,
그의 영화에 음악을 입히는 이상훈 음악감독,
그들과 한낮에 더블 패티 버거를 먹으며 나눈 날것의 기록.

백승환 감독님을 알게 된 것은 햇수로 15년이 흘렀다. 그 시간 동안 그는 CJ엔터
테인먼트에서 쇼박스로, 영화배급팀에서 투자팀으로 자리를 옮기며 영화계에
서 '열일'을 이어왔다. 그러다 마침내 지금의 영화사 '백그림'을 설립, '백승환'
이라는 이름을 앞세운 영화를 선보이고 있는 중이다. 그와 술잔을 기울이기 시
작한 지난 2007년 어느 날, 난 그를 SNS에 이렇게 서술했다. '안주가 필요없는
사람'. 마주앉아 있는 자체로 이미 완벽한 술자리를 만들었던 그는 결국 자신의
이야기를 스크린에 옮기는 일을 업으로 삼게 됐다.

영화 〈더블패티〉 이야기를 하면서, 이렇게 더블패티 햄버거를 배달시켜 먹고 있는 상황이 무척 독특하고 좋네요. 매력적인 이 옥탑방 공간도 마음에 들고요. 게릴라 무대인사 일정을 직접 소화하느라 바쁘시다고 들었는데 이렇게 〈더블패티〉 각본집을 위해 귀한 시간을 선뜻 내주셔서 정말 감사합니다. 우선 〈더블패티〉라는 영화가 어떻게 탄생하게 됐는지부터 듣고 싶습니다. 백승환 감독님의 첫 장편 〈첫잔처럼〉, 그리고 〈더블패티〉보다 늦게 촬영해 먼저 개봉한 〈큰엄마의 미친 봉고〉가 보여준 영화의 '결'과 좀 달라서 예측가능한 궤도에서 미묘하게 어긋난 기분이 들었거든요. 화면이 고즈넉하게 흘러갈 때면 일본영화의 느릿한 감성도 묻어났고요. '응? 이게 백승환 감독님의 작품이라고?' 이런 부분들이 곳곳에 포진해 있더라고요. 물론 술 마시는 장면은 예외입니다. 그것 만은 단편 〈대리 드라이버〉, 또 첫 장편 〈첫잔처럼〉에서와 마찬가지로 여전히 백 감독님 실제 삶이 진득하게 녹아든 리얼함이 있으니깐요.

백승환: 술 마시는 장면은, 아마도 술 좀 마셔본 분들이면 공감할 요소들이 확실히 있나봐요. 〈더블패티〉 영화평 중에 인상 깊었던 게 '백승환 감독의 영화에서 술 마시는 장면은 하이퍼리얼리즘' 이라는 반응이에요. 정말 마음에 쏙 드는 평가였어요(웃음).
영화 〈더블패티〉는 〈첫잔처럼〉을 끝내고 이와이 순지 감독님의 '4월 이야기'처럼 극도로 잔잔한 영화를 찍고 싶다는 마음에서 시작됐어요. 물론 녹록한 일은 아니었죠. 고민하던 중에 우연히 신문에서 '꽃미남 씨름 선수', '씨름 열풍'에 대한 기사를 접하면서 '이거다!' 라고 외쳤죠. 마흔이 넘었는데 더 늦어지면 청춘 영화를 만드는 것이 힘들 것이라는 심적 압박도 있었고요. (웃음) 몸뚱아리 하나로 세상과 맞짱뜨는 남자, 지성으로 세상과 싸우는 여자, 이렇게 두 남녀의 이야기가 탄생하게 됐어요. 당시 가제는 〈더블〉이었어요. 앞서 저의 첫 상업영화인 〈첫잔처럼〉

의 영제가 '더 퍼스트 샷(The First shot)'이었는데, '첫잔'과 '데뷔작'이라는 의미를 함께 담고 있는 중의적 표현이었거든요. 〈더블〉도 마찬가지에요. 두 남녀의 이야기, 그리고 저의 두 번째 장편영화라는 뜻도 함께 내포하고 있는 중의적 단어였죠.

지극히 개인적인 작명이군요.(웃음) 그렇다면 〈더블〉이 어떻게 〈더블패티〉가 됐나요?

백승환: 사실 모든 게 늘 개인적이죠. (웃음) 봉준호 감독님도 그렇게 말하지 않으셨나요? "지극히 개인적인 것이 가장 창의적이다" 라고. 두 사람의 이야기에 살을 붙이고 확장하는 과정에서 햄버거라는 소재가 생겨났고, 그렇게 〈더블〉이 〈더블패티〉로 바뀌었어요. 여러모로 힘겨운 청춘들에게 패티를 더블로 든든하게 먹이고 싶다는 마음도 있었죠.

그렇게 탄생한 〈더블패티〉가 벌써 개봉 2주차에 접어들었습니다. 관객수도 1만 3천명이 넘었고요. 아마도 주변에서 이런저런 피드백을 많이 받았을 텐데, 관객들이나 네티즌의 평도 많이 찾아보시는 편이신가요? 더불어 백 감독님 스스로 〈더블패티〉를 어떻게 봤을지도 궁금합니다.

백승환: 배급팀 출신이다보니 현재의 영화 배급 상황에 대한 약간의 아쉬움이 있어요. 그렇지만 백그림 창립이래 최다 관객을 동원했다는 점은 만족스러운 부분입니다. 1만 3천명! 코로나바이러스 여파로 영화계가 침체된 점을 감안하면 분명 흡족할 만한 결과예요. 평론가분들 중에 〈더블패티〉를 좋게 봐주시는 분도 있고,

그렇지 않은 분도 계십니다. 그렇지만 대중분들은 대부분 잘 봐주신 것 같아서 기분이 좋습니다.

사실 그러면 안 된다고 하는데 관객분들의 반응을 좀 많이, 자주 살펴보는 편이거든요. '지금 내 처지와 비슷해서 영화를 보는내내 힘이 났다' 라는 한 취준생의 반응이 기억에 많이 남습니다. 전작 〈첫잔처럼〉의 경우 10년 동안의 내 직장생활을 고스란히 녹여내 공감대를 형성할 자신이 있었는데, 〈더블패티〉는 20대 청춘의 이야기를 다뤄야하는 만큼 만들면서 걱정이 많았거든요. 40대의 자세로 "아프니깐 청춘이다"를 말하고 싶은 게 아니라 청춘의 모습을 있는 그대로, 사실적으로 담아내고 싶은 마음이 컸어요. 그래서 20대 인터뷰도 많이 했던 기억이 있습니다.

그럼 이상훈 음악감독님은 〈더블패티〉를 어떻게 보셨나요.

이상훈: 솔직히요? 결과물이 나오면 항상 아쉬워요. 음악에 티끌 같은 부분이라도 마음에 안 드는 부분이 있으면 두고두고 속상한 타입이거든요. 그래서 마지막까지 고치고 또 고치고를 반복하는데 그래도 늘 아쉽습니다. 동일한 작업물인데도 어느 날은 아쉽고, 어느 날은 만족스럽게 들릴 때가 있어요. 현지(배주현 분)가 부르는 '흰 밤'도 처음엔 걱정이 없지 않았는데, 시간이 좀 지나서 다시 들으니 무척 좋았습니다. 작업을 할 때는 오히려 집중하다보니 정작 시야가 좁아지는 경우도 있거든요. 그게 다 끝나야 비로소 더 넓게 볼 수 있는 것 같아요. 아이러니죠.

'흰 밤'을 걱정했다니 의외입니다. 결과만 봐서는 정말 엄청나지 않았나요? 음원을 공개하자마자 곧바로 아이튠즈 8개국 1위를 했어요. 영화 OST가 이렇게 인기

를 얻는 경우는 드물잖아요. 물론 가창자가 배주현 배우라는 것이 단연코 큰 몫을 했죠. 그럼 이 '흰 밤'은 어떻게 해서 만들어졌죠? 가능한 디테일하게 들어보고 싶은 마음이 있습니다.

백승환: 대학 시절 늦게까지 술을 마실 때가 많았어요. 그 때 집에 들어가는 길에 올려본 새벽 하늘이 새하얗던 기억이 있습니다. 청춘이 터벅터벅 집으로 돌아가는 그 길의 느낌을 어쿠스틱하게 잘 살렸으면 했죠. 처음부터 영화의 엔딩을 겨울로 할 생각이었는데, '흰 밤'이 단순히 새벽 하늘 뿐만 아니라 새하얀 겨울밤 의미까지 품길 원했어요.

백승환 감독님의 작품에는 늘 '뮤직비디오 같다'라는 관객평이 따라다녀요. 여느 영화들과 달리 음악이 늘 극의 가장 깊숙한 중심부까지 적극적으로 들어와 존재하거든요. 이번 작품에서 배주현 배우가 '흰 밤'을 부른 것처럼 앞서 '첫잔처럼' 혜림, '큰엄마의 미친봉고' 김가은 배우가 각각 자신이 주연한 영화 OST 가창자로 참여한 것이 인상적이었습니다.

백승환: 언젠가 김용화 감독님의 인터뷰를 본 적이 있어요. 어떤 감독님들은 음악이 영상을 침범하는 것을 꺼려하는데, 김 감독님의 경우엔 그렇지 않았어요. 영화 〈미녀는 괴로워〉, 〈국가대표〉를 만들 때 메인 테마곡의 콘셉트를 아예 잡고서 시작했어요. 저 역시 그렇습니다. 음악이 영화에 적극적으로 개입하는 것을 좋아해요. 음악 뿐만 아니라 조명, 미술, 의상도 모두 마찬가지입니다.

이상훈: 백승환 감독과 단편부터 호흡을 맞춰왔어요. 영화가 기획되는 과정에서

부터 음악에 대한 이야기를 나누고 있는데, 이런 형태로 작업하는 팀이 솔직히 많지 않아요. 이게 백승환 감독님 영화의 스타일 중 하나라고 생각합니다. 영화 〈위플래시〉부터 호흡을 맞춰 〈라라랜드〉를 탄생시킨 데이미언 서젤 감독과 저스틴 허위츠 음악감독처럼 말이에요.

이해가 확 됩니다. 더불어 이번 〈더블패티〉에서는 음악의 중요한 축을 제대로 잡고 돌려준 것이 배주현 배우 아닐까요. 영화계에거야 신인 배우지만, 굴지의 가요 기획사 SM엔터테인먼트 대표 걸그룹인 레드벨벳 리더이기도 하니깐요. 음악감독 입장에서도 사실 적잖은 부담도 됐을 것 같습니다. '배주현=아이린'이니깐요.

이상훈: 맞아요. 부담이 없었다면 거짓말이죠. SM엔터테인먼트는 음악을 하는 사람 모두가 동경하는 회사에요. 거기에서도 선두에 있는 아티스트와 작업하는 꿈같은 일이 벌어진 셈이죠. 부담도 있었지만, 충분히 좋은 경험이었습니다. 준비를 철저하게 해오고, 본인이 무엇을 잘하는지 명확하게 알고 있었어요. '짬에서 나오는 바이브'라는 말이 적절합니다. 더불어 음색도 너무 좋아요. 디렉팅을 할 필요가 없을 만큼 훌륭했죠. '흰 밤'은 이제껏 제가 만든 모든 음원을 통틀어서 가장 마음에 드는 곡입니다. 그걸 함께 해준 보컬리스트가 아이린이죠.

아이튠즈 8개국 1위곡을 만든 것을 다시 한 번 축하드립니다. 그렇다면 백승환 감독님 입장에서 '배우 배주현'은 어땠나요.

백승환: 예습과 복습, 집중력… 흠 잡을데 하나 없는 배우입니다. 개인적으로 아시

아에서 가장 완벽한 페이스 핏을 가진 배우라고 생각해요. 현장에서 어떤 앵글을 시도해도 정말 완벽하게 소화했거든요. 조만간 배우로서의 전성기가 올 것이라 확신합니다. 그 전성기에 앞서 배주현 배우의 첫 번째 영화 주연작을 맡을 수 있어서 그 자체로 좋았습니다. 태생적인 것도 물론 중요하지만, 얼굴 근육을 사용하는 것을 비롯한 대부분의 장점이 부단한 노력의 결과물이라 생각됐어요.

'흰 밤'과 가사와 멜로디는 같고 편곡이 다른 '밤한울'도 있잖아요. 이건 배주현 배우와 주연 호흡을 맞춘 신승호 배우가 소화했죠. 신승호의 '밤한울'은 어떤가요? 아무래도 가수를 병행하지 않는 배우의 가창은 쉬운 일이 아니었을텐데요.

이상훈: '흰 밤'이란 노래는 시나리오를 본 순간부터 구상했어요. 그게 여기까지 온 거죠. 신승호 배우가 OST에 참여하게 됐을 때는 또다른 고민을 할 수 밖에 없었어요. 결국 '흰 밤'을 새롭게 편곡한 '밤한울'을 탄생시켰죠. 신승호 배우는 분명 기대 이상으로 노래를 불러줬습니다. 씨름 선수, 운동 선수라는 이미지를 실어서 목청 껏 부를 수 있는 록 느낌의 곡을 만들었어요.

백승환: 첨언하자면 '밤한울'은 술마실 때 틀어놓으면 좋아요. 이덕진 노래의 감성이 있습니다.

이야기를 나눌수록 두 분의 합이 확실히 좋다는 게 느껴져요. 사실 술자리에서 두 분을 보다가 대낮에 사무실에 앉아서 이야기를 나누고 있는 것이 참 낯설기도 합니다.(웃음) 오랜 시간 알고 지냈지만, 이런 질문을 한 번도 해본 적이 없는 것 같네

요. 두 분이 함께 작업하면 좋은 점이 뭔가요? 이렇게 매작품 호흡하는 데는 분명한 이유가 있겠지 싶어서요.

이상훈: 백그림이 처음으로 제작한 영화 <아티스트: 다시 태어나다>(2016)로 인연을 맺고 그 뒤로 모든 작품을 함께 했어요. 이제는 백승환 감독이 무슨 생각을 하고, 무엇을 어떻게 할 지 예상이 됩니다. 술자리를 자주 하니 그런 부분을 캐치하기가 쉽게 됐어요. 아무래도 그렇지 않은 감독님과 작업할 때는 그런 작업에 에너지가 상대적으로 더 많이 필요할 수밖에 없거든요. 살아온 과정이나 지금까지의 작업들을 어느 정도 알고 있으니 그런 부분이 생략돼 수월합니다.

그리고 하나 더! 영화는 기본적으로 비현실적인 것을 현실적으로 만드는 것이라 생각하는데, 백 감독님은 현실적인 소재를 차용해서 비현실적으로 만드는 비상한 (?) 재주가 있는 감독이에요. <대리 드라이버>에서 술집에서 갑작스럽게 환상으로 넘어가는 장면이나, <큰엄마의 미친봉고>에서 탈출한 며느리들이 찾은 칼국수집에서 꽃미남들이 나오는 장면이 좋은 예죠.

백승환: 제가 누군가의 인성을 평가할 입장은 아니지만, 이상훈 음악감독님은 우선적으로 사람 자체가 좋습니다. 저는 이게 솔직히 크다고 봐요. 예술을 한다고 고집을 부리지 않는 부분도 좋고, 살아온 환경이 비슷한 것도 분명한 도움이 됩니다. 어쩌면 TMI겠지만… 저는 강남 8학군이고, 음악감독님은 목동 8학군이에요. (웃음)

(맞아요…TMI) 사람만 좋다고 작업을 계속 할 순 없지 않을까요. 영화감독으로서 봤을 때 이상훈 음악감독님의 직업적인 강점을 좀 덧붙여주세요. 그걸 받아서 이상훈 감독님도 백승환 감독님에 대해 이야기를 덧붙여주시면 좋을 것 같습니다.

백승환: 이상훈 음악감독님은 완벽주의자예요. 그래서 제작진의 추가 검수과정이 필요없습니다. 그런 걸 스스로 못 참는 성격이라 작은 프레임까지 모두 맞춰서 작업해주거든요. 해석력도 좋아요. 단순히 곡을 만드는 것 이상으로, 해석하는 인사이트가 탁월합니다. 또 대중성까지 있어서 재미없고 지루한 것을 싫어해요. 그래서 음악을 부탁할 때, '친구야 미안한데… 내가 영화를 재미없게 찍었다. 너가 좀 재미있게 만들어줄래' 라는 마음도 살짝 있습니다.

이상훈: 백승환 감독님은 제작사 백그림의 대표를 병행하고 있는데, 특히 수완이 좋습니다. 코로나19로 영화계가 힘든 이 시국에 영화를 찍고 개봉하는 것을 보면 누구나 알 수 있죠. 그 방면에서는 감히 대한민국 1등이라고 할 수 있습니다. 연출은… 봉준호 감독님이 있어서 1등은 아니에요(웃음). 각본을 자기가 직접 쓰는 것도 확실한 메리트입니다. 자기 이야기를 끄집어내서 할 수 있는 사람이란 거죠. 이번에 〈더블패티〉를 보면서 명대사가 많다는 평들을 봤습니다. 대사 하나하나를 가슴 깊게 심는 능력이 있는 거죠. 백승환 감독은 분명 지금보다 훨씬 더 성장할 것이라 확신합니다. 그게 언제일지 정확히 몰라도, 확실히 그럴 거에요.

두 사람이 합을 모을 다음 작품은 언제가 될까요? 그리고 언제 한 번 꼭 해보고 싶은 영화도 함께 듣고 싶습니다.

백승환: 그냥 앞으로 모두 다?!(웃음) 존경하는 감독을 물으면 늘 마틴 스코세이지를 언급하곤 해요. 42년생이시니… 나와 대충 40살 차이가 난다고 했을 때, '앞으로 40년만 더 하자'는 생각을 하게 됩니다. 영화를 찍는 시간을 감안했을 때, 그래도 20편은 더 찍어볼 수 있지 않을까요? 영화를 이렇거나 더 찍어야 하는데 언제 또

새로운 팀을 만나서 소통하며 인간성까지 알아보겠어요. (웃음)

일단 차기작으로 써놓은 2편이 있어요. 〈조국과 민족〉과 〈전교회장〉. 이것도 TMI지만 저도, 음악감독도 둘 다 전교회장 출신이기도 하니깐 〈전교회장〉이라는 작품에서 왠지 포텐이 터지지 않을까 싶습니다. (웃음) 아, 〈라라랜드〉를 개인적으로 정말 좋아하는데, 이상훈 음악감독과 함께 제대로 된 진짜 뮤지컬 영화, 음악 영화를 만들어보고 싶습니다.

이상훈: 음악 영화에 한 술 더 얹어서 재즈 영화를 만들어보고 싶어요. 백승환 감독이 좋아하는 술과 턱시도를 등장시키는 시대극으로⋯ 제작비가 문제겠죠? 망하더라도 그런 스타일리시한 음악 영화를 언젠가 꼭 한 번 해보고 싶습니다.

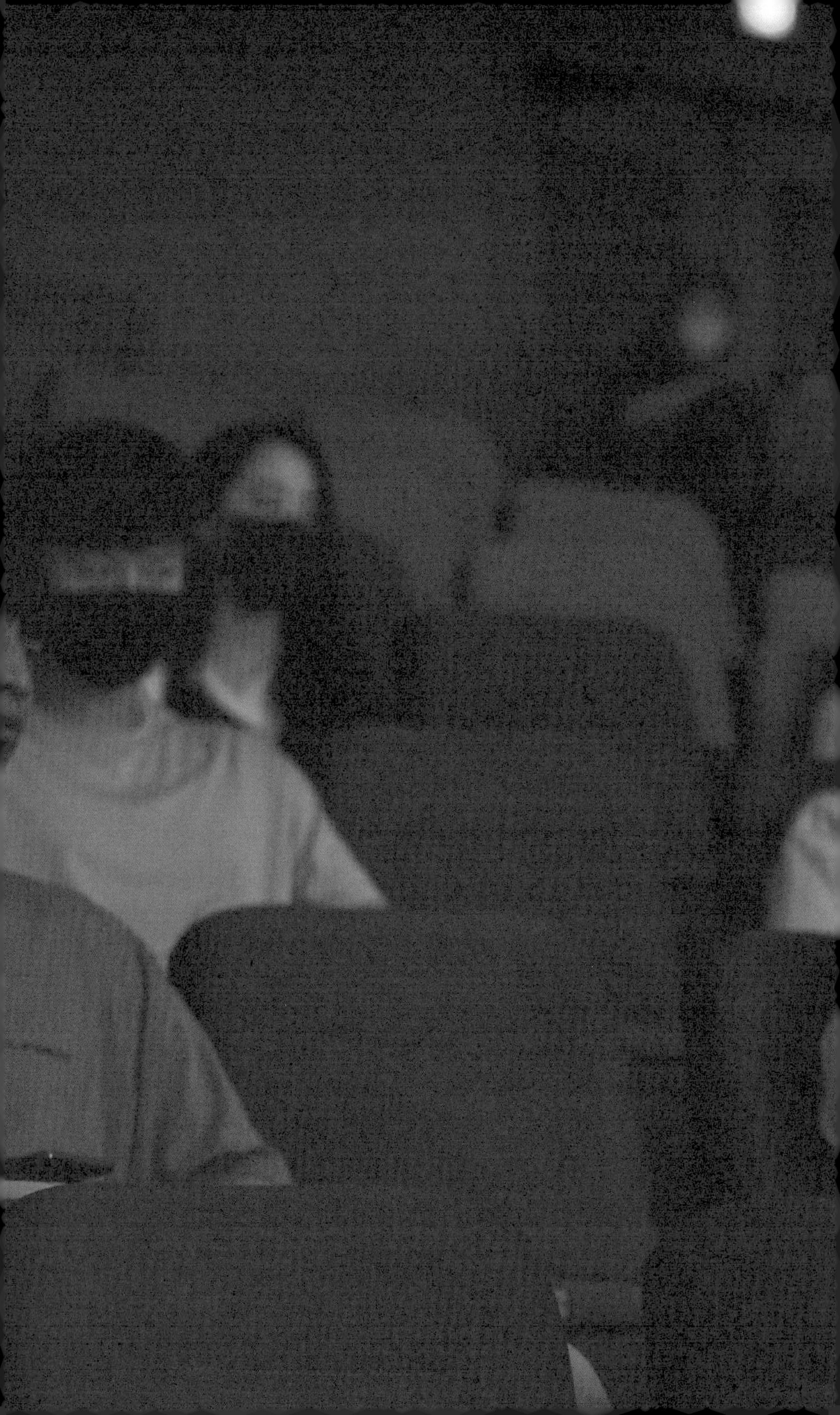

더 파티

| SCENE | CUT | 32 day |
| 22 | 3 | TAKE
1 |

| DATE. 2020. 8 . 4 | ROLL |
| PROD.CO. 백그림 | 002 |

감 독	백승환	촬 영	신 현 규
프로듀서	김성현	조 명	강 지 현
		미 술	이 지 원

메이킹

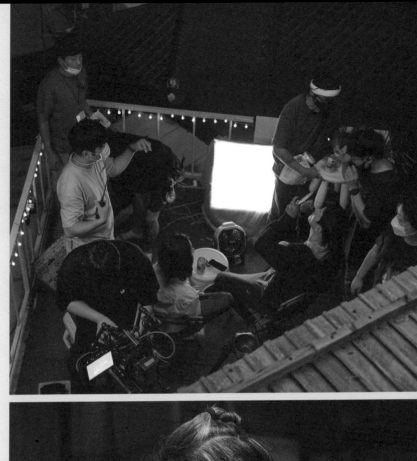

더블페터

1판 1쇄 발행 2021년 3월 19일
1판 2쇄 발행 2021년 3월 20일

지은이	백승환
펴낸이	박현민
편집	박현민 문지현
사진	백상현 권용빈 김시라 이윤상
콘티	정윤희
디자인	STUDIO ONSIL

펴낸곳	우주북스
등록	2019년 1월 25일 제2020-000093호
주소	(04766) 서울시 성동구 왕십리로 125 PO427
전화	02-6085-2020
팩스	0505-115-0083
이메일	gato@woozoobooks.com
인스타그램	instagram.com/woozoobooks
홈페이지	www.woozoobooks.com

ISBN 979-11-967039-8-1 03680